俞敏洪的
说话之道
YUMINHONG
DE SHUOHUAZHIDAO

俞敏洪经典语录

1. 女人如果因为觉得一个男生帅就嫁给他,这是好色;男生因为女生漂亮而娶她,是审美。

2. 年纪大了,人们看重的不再是外表,不是你帅不帅,而是看你的内心的魅力,你的气魄、气概。

3. 这个世界上有很多天才,天才是用来欣赏的,不是用来攀比的。

4. 你说我是猪,不对,其实我连猪都不如。很多人失去了快乐,是因为他太敏感了,别人一句话、一个评论就使自己生气一个月,这是非常无聊的。

5. 如果你要引人注目,就要使得自己成为一棵树,傲立于天地之间;而不是做一棵草,你见过谁踩了一棵草,还抱歉地对草说"对不起"?

俞敏洪的说话之道

张笑恒 著

中国商业出版社

图书在版编目(CIP)数据

俞敏洪的说话之道/张笑恒著．—北京：中国商业出版社,2014.4
ISBN 978－7－5044－8415－4

Ⅰ.①俞…　Ⅱ.①张…　Ⅲ.①俞敏洪－语言艺术　Ⅳ.①H019

中国版本图书馆 CIP 数据核字（2014）第 045062 号

责任编辑：唐伟荣

中国商业出版社出版发行
010－63180647　www.c－cbook.com
（100053　北京广安门内报国寺 1 号）
新华书店总店北京发行所经销
河北华商印刷有限公司
*
710×1000mm　1/16　17.5 印张　240 千字
2014 年 4 月第 1 版　2019 年 1 月第 2 次印刷
定价：38.00 元
* * * *
（如有印装质量问题可更换）

 # 前言

俞敏洪被人誉为"留学教父",他创办的"新东方"是中国目前最大的英语培训机构,中国70%的留学生都出自这里。他是在传统的教育行业中独辟蹊径的领袖人物,新东方的成功极大地推动了中国英语培训业的产业化进程,将之带向一个欣欣向荣的繁荣境地。

美国《时代》周刊这样描述俞敏洪:"这个一手打造了新东方品牌的中国人被称为'偶像级的',就像小熊维尼或米奇之于迪士尼。"

俞敏洪今天的一切虽然离不开机遇、坚忍不拔的性格、有朋友相助等因素,但更重要还是因为他有一副好口才。成功学大师戴尔·卡耐基曾经说过,一个人的成功,约有15%取决于知识和技能,85%取决于沟通——发表自己意见的能力和激发他人热忱的能力。

很多人都说,为新东方挣得第一波美名的是俞敏洪本人,或者说是他教学中的煽情能力,正是因为俞敏洪在教育中的好口才,获得了学生们的欢迎,这才为新东方的成功奠定了基础。

创业之初,俞敏洪之所以能把徐小平、王强等一系列的海归派招揽到了新东方,利用的就是自己的口才。俞敏洪当初专程赶到美国,找到北大的同窗好友王强,当对方问:"新东方有多小?"俞敏洪正色道:"我知道你在美国的年薪有7万美元,我付不起你的工资。"然后作义愤填膺状,"但我希望你不要忘记,我们是很好的朋友,是一起生活过的哥们儿。我

们还是知识分子，中国的知识分子历来都视金钱如粪土，我要是给你发了薪水，就侮辱了你的人格。"王强最终被俞敏洪说服，和他回国窝在北京西北角一所十几平方米的违章建筑里开始了新东方的创业。

俞敏洪说，哪怕是最没有希望的事情，只要有一个勇敢者去坚持做，到最后就会拥有希望。他因此总结了著名的"揉面定律"："人刚开始没有任何社会经验，也没有任何痛苦，就像一堆面粉，手一拍，它就散了。可是你给面加点水，不断揉搓，它就有可能成为你需要的形状——虽然它还是面，却不会轻而易举地折断。不断被社会各种各样的苦难所搓揉，揉到最后，结果是你变得越来越有韧性。"

俞敏洪还善于用生动的故事代替枯燥的大道理，他曾做客CCTV－1《我们》栏目，在《大学生就业》的谈话中说"人最怕的就是哪儿有机会就往哪儿窜"，他讲了一个故事来说明：

"我在美国有两个朋友都是学建筑的。学建筑，一个是找工作难，美国的建筑，该造的楼全造完了；第二个是找到工作以后工资很低，到一个建筑事务所去工作，你大学刚刚毕业，也就是拿三万美元一年。

"刚好那几年的时候全世界电脑泡沫兴起，凡是学电脑的工资都能拿到八到十万美元，所以其中有一个人他就把建筑给扔了，就转学了电脑。等到他电脑学完的时候刚好碰上了美国电脑泡沫崩溃，结果找不到工作了。那个学建筑的同学毕业了，在美国找工作也找不到，后来就回到了中国，参加了一个中国很著名的建筑事务所的工作。大家都知道在中国是一个建筑设计时代，由于他本身学得很好，所以他很快就变成了设计主力，后来的年薪加奖金大概能拿到一百五十万元人民币左右一年。"

俞敏洪说："如果说你因为外界的某种东西你心动了，有的时候你的损失更大。"而这种讲故事的方式往往会让语言更富有感染力和说服性。

俞敏洪一个最受欢迎的特点就是说话幽默风趣，无论是讲课还是参加访谈节目，他机智幽默的谈吐总是能让现场的气氛活跃起来。

到湖北大学演讲时，俞敏洪一上演讲台就调侃起了自己："在新东方，我长的是最对不起观众的。"他的风趣迅速拉近了与同学们之间的距离。他说"男人长得帅一般不成功"，并风趣的给女孩忠告："在场的女孩子，如果你们选择男朋友以貌取人，那叫'好色'行为。女孩子千万不要有这种行为。"连珠妙语听得在场的学生乐不可支。

俞敏洪本人对幽默这一能力也很看重，他表示："新东方坚持培养有幽默感的老师，有的人起初没有幽默感，我们就让他从尝试讲笑话开始，慢慢把这种搞笑自然地融入课程中，逐渐把幽默内化。这不仅能让老师充满激情地去讲课，也让学生感受到一种别样的上课方式。"

即便我们不能在现场听到俞敏洪授课或者演讲，但在网上可以看到视频或者演讲稿，给我们感受最深的是他讲话充满了正能量。2013年9月11日，"2013年度寻访中国大学生自强之星"活动启动仪式在北京理工大学举行，俞敏洪在活动现场发言。

他说："要相信奋斗的力量。同样都是80年代上大学的，我也有很多同学跟我一起起步的。为什么我后来能够做出新东方呢？肯定不是我比其他人更加聪明。甚至事实反复证明了，我并不比其他人聪明。比如说我在北大五年，平均每天我学习的时间比其他同学多出一个小时来，但是我在大学毕业的时候，我的成绩是排在全班倒数第五位。我在同一个时期跟北大那帮天才相比，我学不过他们。但是我一直没有放弃，北大毕业以后我用了两年时间把《朗文字典》几万个词条背诵下来了。因此事业上也就有了一个突破口。现在全国大学生每年有数百万大学生在买我的各种各样的词汇书背诵和学习。这就是从一个点上努力和学习的结果。"

俞敏洪语言幽默风趣，充满正能量，能够激励人心，同时也真诚朴实，富有激情，最能打动人心。这就是他成功道路上的利器。

西方人把口才、美元、电脑称为立足世界的三大战略武器，口才独占三大武器之首，足见其社会作用已被推到惊人的高度。语言是维系人际关系的纽带，也是决定一个人事业高度的关键因素。

当然，我们不能完全就断言好的口才能够直接决定一个人的成功。但是，我们可以肯定的是，如果一个人能够拥有一副绝佳的口才，那么一定能够为自己赢得更多的成功机会。因此，掌握一些说话的技巧，练就一副好口才，对每个人都尤为重要。

说话的本领并非来自天赋，而是需要我们用特有的敏锐洞察力去感悟，需要在生活的每一个片段中不断地搜寻、提炼，把它与自己的生活融会贯通，使之真正为己所用。

目 录
PREFACE

第一章 激励——讲出正能量鼓舞人心

1. 现身说法,鼓励大家不要轻易放弃 …………………………（2）
2. 发挥正面语言的作用 …………………………………………（5）
3. 联系现实,让语言富有感染力 ………………………………（8）
4. 换个角度分析问题,激发主动性 ……………………………（11）
5. 用积极的行动去说话 …………………………………………（14）
6. 发挥目标的激励作用 …………………………………………（17）

第二章 真诚——富有感情的话最能打动人

1. 用真诚叩开别人的心扉 ………………………………………（22）
2. 态度坦率,更能动人心 ………………………………………（25）
3. 尊重,把别人的感受放在心上 ………………………………（29）
4. 将心比心,有感而发 …………………………………………（32）
5. 友善,才能拥有人气 …………………………………………（35）

6. 站在对方的角度说话 ……………………………………… (38)

7. 坦然承认自己的错误 ……………………………………… (41)

8. 不说别人坏话 ……………………………………………… (44)

9. 在晓之以理时,莫忘动之以情 …………………………… (48)

第三章 激情——点燃听者内心的火焰

1. 激情源自自信 ……………………………………………… (54)

2. 激情来自一种不可磨灭的梦想 …………………………… (57)

3. 激情不要过剩 ……………………………………………… (60)

4. "从绝望中寻找希望" ……………………………………… (63)

5. 运用充满激情的语气 ……………………………………… (66)

6. 煽情不是错,用感染力"虏获"人心 ……………………… (69)

7. 慷慨激昂,说话有气势 …………………………………… (72)

8. 激情需要内心的支撑 ……………………………………… (75)

第四章 亲和——言辞朴实绝不做作虚夸

1. 尽量选择朴素的语言 ……………………………………… (80)

2. 表达自己内心真实的想法 ………………………………… (83)

3. 沟通从微笑开始 …………………………………………… (86)

4. 以老友的口吻娓娓交谈 …………………………………… (89)

5. 平实的语言更具人情味 …………………………………… (92)

6. 说话要考虑别人的感受 …………………………………… (95)

7. 适当的自我贬低,更具亲和力 …………………………… (98)

8. 有身份,没架子 …………………………………………… (101)

第五章 坚定——态度坚决言辞才有力

1. 相信自己,不怕质疑 …………………………………… (106)
2. 嘴上执着,心中更执着 ………………………………… (109)
3. "最重要的是不放弃" …………………………………… (112)
4. 鼓励自己,面对挫折不逃避 …………………………… (115)
5. 必要时,针锋相对 ……………………………………… (118)
6. 该犀利的时候不嘴软 …………………………………… (121)
7. 坚持原则,不轻易妥协 ………………………………… (123)

第六章 委婉——说出的道理要让人听着舒服

1. 点到即止,暗示比直言更有效 ………………………… (128)
2. 钝化锋芒,和颜悦色地说 ……………………………… (131)
3. 用提建议的方式让人接受 ……………………………… (135)
4. 批评的话要委婉 ………………………………………… (139)
5. 忠言也可以不逆耳 ……………………………………… (142)
6. 用替代方案,达到拒绝目的 …………………………… (145)
7. 批评,但是不要激发对方的逆反心理 ………………… (148)
8. 先肯定后否定 …………………………………………… (152)
9. 合理诱导,让对方认识到自己的不足 ………………… (155)

第七章 生动——用"鲜活"的语言征服别人

1. 少讲道理,多说故事 ……………………………………… (160)
2. 将自己经历过的事情讲得很动听 ……………………… (163)
3. 恰当运用比喻,提升语言魅力 ………………………… (166)
4. 说话内容有新意才吸引人 ……………………………… (169)
5. 说话巧用典故,会有出其不意的效果 ………………… (172)
6. 阅读丰富素材,充实谈话内容 ………………………… (175)
7. 富有哲理的语言让人铭记不忘 ………………………… (178)

第八章 谦卑——说得越低调地位越显高

1. 有一种口才叫谦虚 ……………………………………… (182)
2. 主角也可以少说 ………………………………………… (186)
3. 不与人争辩 ……………………………………………… (189)
4. 闻过则喜,接受他人的批评 …………………………… (192)
5. 适当做出妥协 …………………………………………… (195)
6. 说的同时,不要忽略行动的力量 ……………………… (199)
7. 情绪稳定胜过一切 ……………………………………… (202)
8. "做事像山,做人像水" ………………………………… (205)

第九章 睿智——才思敏捷机智过人

1. 激将法——"给你发薪水是侮辱你的人格" ………… (210)
2. 话不说满,要给自己留余地 …………………………… (214)

3. 成功演讲,有一个优秀的开场白 …………………………（217）
4. 言之有理,让听者心服口服 ……………………………（220）
5. 以子之矛,攻子之盾 ……………………………………（223）
6. "不做英语做厨师" ………………………………………（226）
7. 引导比批评更重要 ………………………………………（229）
8. 逻辑思维,说话有条理 …………………………………（232）
9. 抓住核心,问出本质 ……………………………………（235）

第十章 风趣——迅速拉近彼此的距离

1. 自我调侃:一只"土鳖"带着一群"海龟"奋斗 …………（240）
2. 理不歪,笑不来:"不如买一个哈佛文凭算了" …………（244）
3. 就地取材,幽默无处不在 ………………………………（248）
4. 化解尴尬的机智妙语 ……………………………………（251）
5. 偶尔调侃下别人 …………………………………………（254）
6. 善于倾听的人更容易成功 ………………………………（257）
7. 幽默是一种乐观的心态 …………………………………（260）
8. 装傻充愣的幽默 …………………………………………（263）

第一章
激励——讲出正能量鼓舞人心

1. 现身说法，鼓励大家不要轻易放弃

讲述自己的人生经历和奋斗故事，以此来激励别人，这是许多演讲者经常运用的方式，俞敏洪自然也不例外。2013年9月，俞敏洪在广东广雅中学为该校学生和家长做了一场题为"相信梦想"的讲座。

在这场演讲中，俞敏洪毫不吝惜地与学生们分享自己成长过程中的各种失败的经历，并以此鼓励学生："成功并不取决于智商，而取决于坚持和努力；不要执着于与他人比较，而是聚焦在自己的进步。"

俞敏洪说："人的智商是有差别的，但是你可以持续努力。别人一年考上北大，我考三年，我比别人多花两年时间。有时候你多花点时间，成绩就出来了。"

俞敏洪进了北大之后"备受打击"。他描述自己进北大的时候，普通话不会说，英语更不会，运动文艺活动都不会。"我唯一会的就是游泳。游了一个来回之后，体育老师哈哈大笑，说从未见过一个人狗刨这么快。"

俞敏洪说，自己每天起码比别人多学一个小时，结果期末的时候排名还是最后10名。"想谈谈恋爱吧，没人看上我。就这样到了大三，你说我有多么郁闷。"

一个国庆节，俞敏洪跟同学出去喝酒之后，吐血了。医生一查就发现是传染性肺结核，休学一年治病。"电影里面说我是因为追女生被感染了肺结核，其实不是的，我大学期间都没谈过恋爱。"因为努力学习和心情抑郁导致了肺结核，他也有所醒悟。"大三，我觉得我肯定是追不上自己的同学了，我就对自己有两个要求：第一，我每门课都要及格，要顺利毕业；第二，我要坚持努力。"

俞敏洪说，自己做事情的哲学就是坚持努力。"最重要的是不放弃，你永远不知道未来的人生有什么好事在等着你。"他说，自己把每天做的事情分成两块，一是做有意义的事情，二是做让自己进步的事情。"坚持下来，你会发现自己在积少成多地往前走。"

俞敏洪以自身的经历，给学生们上了生动的一课，告诫了他们坚持不放弃的意义。事实上，很多优秀的演讲者，都会把自己亲身经历的事例变成演讲的素材，为听众现身说法。因为亲身经历的事例最真实、最有说服力，因而也就更能打动人。

美国总统奥巴马就曾数次在演讲中说起自己贫穷困苦的童年，讲述自己从小生活在单亲家庭，母亲整日为生活奔走，为账单忧虑。正因为他坚持求学，这才得到了上大学的机会，最终取得了成功。以此来鼓励一些生活困难的学生不要放弃自己的人生，只有学习才是通向成功的道路。

"口才帝"马云也经常在演讲中，讲述自己的创业经历，告诉大家创业是没有一帆风顺的，最重要的就是坚持下去。他说："2001年网络泡沫破灭时，那三十几家公司，我记得现在全部关门了，只有我们一家还活着。我们是坚持信念的人，我们是坚持梦想的人，所以能走到今天。"

演讲是与听众交流互动的一个过程，如何使自己的演讲更打动人，强烈地吸引和征服听众，这才是演讲的核心问题。演讲者讲述自身经历，更有利于把自己摆在和听众平等的地位上，听众会认为你在和他们说知心话，是可以信赖的朋友。这样，自然也就为演讲的成功铺平了道路。

下面这一段是白岩松在震后临时组建的都江堰第四中学的演讲，当时是2008年6月7日，正是高考开始的第一天，但是因为地震的原因，该地区的高考只能被延迟了。于是白岩松走到同学们中间，结合自身的经历，作了这样一席鼓舞人心的演讲：

"同学们，今天，你们比全国其他地区的考生都提前考了一门课——如何面对磨难和突如其来的打击，而且大家都得了高分。不管你们是在高

三,还是在将来的人生道路上,磨难和突如其来的打击,永远都是一门功课。

"在我八岁的时候,父亲去世了。十岁的时候,从小带我的爷爷去世了。当时,妈妈带着我和哥哥三人相依为命。我们家在东北一个很偏远的小城,冬天,大家知道东北有多冷,我们家最高温度是零上5度。由于生活窘迫,安不上自来水,每天要去200米之外的地方挑水,我11岁就开始干这个活儿。

"当苦难和打击已经过去之后,回过头来看,这些情景都会带有一种温暖的颜色。我相信很多年之后,你们再回忆起这样一个临时组成的班级、学校,还有一起面对苦难的同学们,你们会觉得,回忆中更多的是温暖,而不是眼前的痛苦。我相信,如果没有这场地震,高考的时候,可能家长都会在校门口等你们,上大学的时候,他们会送你们。有了这场地震,相信你们不会了,你们已经学会了自己去成长,自己去前进。你们比同龄人又更快地更好地向前跑了一步,你比他们已经有了更多的优势,不是吗?"

白岩松的演讲引起了同学们的极大共鸣,现场响起了长时间热烈的掌声。而他的即兴演讲,之所以引起了同学们的极大共鸣,除了该演讲主题深刻、情感真挚、语言动人之外,还有一个很重要的因素就是,白岩松在演讲中现身说法,自曝艰难身世,谈起小时候经历的失去亲人的痛苦与感悟,让在地震中失去亲人的同学们深有同感。从而让听众受到激励与启示,鼓舞大家在磨难中学会坚强和自立,不要因为暂时的苦难而沮丧和自暴自弃,而应该更加努力地奋勇向前。

由此可见,在演讲过程中,为了阐明道理,影响和说服听众,结合自己的亲身经历、自己真实的感受以及自己的感悟,向听众现身说法,不仅增加了演讲的说服力和可信性,而且听众有了更真切、更实在的感性认识。这远比那些单纯的说教要强得多,收效也大得多,算得上是一种引发共鸣、鼓舞人心的好方法。

2. 发挥正面语言的作用

什么是正面语言？简单地说，正面语言就是带有积极色彩，能激励别人、鼓舞斗志，让别人藐视苦难、奋勇前进的语言。俞敏洪就是运用正面语言的高手，他有一句名言：在绝望中寻找希望。"绝望"无疑是令人沮丧的，但只要坚持不放弃，我们在"绝望"中也一样能够找到"希望"。俞敏洪的话降低了人们对于绝望的恐惧，从而增大了他们坚强奋斗的士气和信心。下面是一些经常出现在俞敏洪演讲中的正面语言：

"所有的人都是凡人，但所有的人都不甘于平庸。我知道很多人是在绝望中来到了新东方，但你们一定要相信自己，只要艰苦努力，奋发进取，在绝望中也能寻找到希望，平凡的人生终将会发出耀眼的光芒。"

"生命，需要我们去努力。年轻时，我们要努力锻炼自己的能力，掌握知识、掌握技能、掌握必要的社会经验。机会，需要我们去寻找。让我们鼓起勇气，运用智慧，把握我们生命的每一分钟，创造出一个更加精彩的人生。"

"在浩瀚的生命之岸，你应该自豪地告诉世界，你追求过，你奋斗过，你为辉煌的人生从来没有放弃过希望，从来没有停止过拼搏。而这个造就了万物的世界也将自豪而欣慰地回答你：只要奋斗不息，人生终将辉煌。"

"在我们的生活中最让人感动的日子总是那些一心一意为了一个目标而努力奋斗的日子，哪怕是为了一个卑微的目标而奋斗也是值得我们骄傲的，因为无数卑微的目标积累起来可能就是一个伟大的成就。金字塔也是由每一块石头累积而成的，每一块石头都是很简单的，而金字塔却是宏伟

而永恒的。"

俞敏洪总是能够用正面语言，持续不断地激励新东方人，鼓励大家拼力往前冲，给予新东方人更多的希望与可能性。

正所谓"好事多磨"，要干成一件大事，少不得要经历磨难，每当这个时候，人的正面能量就会降低，负面情绪会增加。运用正面语言的目的就是在你正面情绪降低时，重新调整心理平衡点，它能把负面情绪大而化小、小而化无，甚至变负面为正面，以此来提高我们做事的信心。

行为科学中有一个著名的"保龄球效应"：两名保龄球教练分别训练各自的队员。他们的队员都是一球打倒了7只瓶。教练甲对自己的队员说："很好！打倒了7只。"他的队员听了教练的赞扬很受鼓舞，心里想，下次一定再加把劲，把剩下的3只也打倒。教练乙则对他的队员说："怎么搞的？还有3只没打倒！"队员听了教练的指责，心里很不服气，暗想，你咋就看不见我已经打倒的那7只。结果，教练甲训练的队员成绩不断上升，教练乙训练的队员打得一次不如一次。由此可见，正面激励效果远大于负面。

在企业管理中，领导者应多考虑"保龄球效应"的激励方式。相信每个人都是渴望被人鼓励，特别是在心灰意冷的时候，消极、负面的话只不过是把一个人从一个角落引向另一个角落，却始终不能摆脱阴暗的束缚；而正面、积极的话，则相当于把一个人从黑暗处引向了光明，使他能看到那一丝希望。

正面语言除了能够激励别人之外，其实最大的作用还是激励自己。

美国著名潜能开发大师博恩·崔西说："你的大脑只能装一样东西，不是你所渴望，就是你所恐惧的。"也就是说你的大脑要么装好的念头，要么装不好的念头。如果你大脑里装着不好的念头，那就只能接收到不好的情绪和负面的思想，就会带给你更多的"不好"。

如何让我们的大脑里只装好的念头，而不装不好的念头呢？有一个办法：多说正面的语言。这是一种给自己的正面暗示。

哈佛大学曾做过一项调查，每天都能说出"好的"、"一定会有办法的"、"没问题"这种积极话语的人，他们的每一天都会过得非常顺利，即使遇到了困难，他们也能渡过难关。相反，每天嚷着"太糟了"、"太让人气愤了"、"没办法"的人，遇到的挫折也特别多，运气也显得特别糟糕。

我们必须要意识到，每天从自己嘴巴里说出的话拥有很大的威力。我们最终说出口的言语，会或大或小地影响你的人生。当我们的语言积极正面的时候，我们整个人一定都处在正面的能量场中。当我们的语言悲观、消极的时候，我们真实的情感和行为也一定背叛不了我们内在的声音。

所以，无论在任何场合，我们最好都只说正面、积极、健康、向上的话，不能说悲观、泄气的话，也不能说攻击他人的话。

正面语言从来不陈述一个消极的现状，而是去寻求改变现状的答案。作为一个领导者，要时刻用正面的话来影响其他人，要让正面语言的使用在公司中形成一种习惯、一种惯性。久了之后，员工之间开玩笑所用的都是正面语言。比如，有人说今天好疲惫啊，另一人立刻说，打住！应该说今天怎么样可以让自己变得更精神。这样，运用正面语言就会在公司中形成一种文化。

正如新东方一样，创业之初，俞敏洪从没想到过新东方的思想和精神会影响数以千万计的一大批人，但是这种影响的的确确发生了。这多少要归功于俞敏洪正面语言的引导，他是感召、引领新东方人乐观前行的动力之源。

3. 联系现实，让语言富有感染力

"一切从实际出发"，这是马克思主义哲学的核心内容，也说做事说话的一条基本的原则，一个人说话如果脱离了实际，那么就会变成无本之木、无源之水，就会变成空话、套话，自然不能成为"真理"，久而久之也会让我们失去信任的基础。俞敏洪说话虽时而激情四射，时而慷慨激昂，但却都立足实际，不会给人一种空中楼阁、不可触摸的感觉。

2009年，文汇报曾经发表过一篇俞敏洪对话大学生的文章，在这片文章中，有一位学生问他，自己的专业比较冷门，找不到工作怎么办？

俞敏洪这样回答他：

"你现在的问题是你对国学感兴趣，但是你需要有一个养活自己的技能，大学生毕业以后首先就是要工作。我把它叫做先就业再职业再事业！先就业就是赶快先找一份工作，不要父母养活了。所谓的职业，就是一辈子我想做的职业。当你职业做到一定程度，比如说你做了会计，最后自己出来开一个会计事务所，这就变成你的事业了。你把前面的就业、职业和事业做好了，失业就永远找不到你。

"现在的大学生，最关键的问题就是自己所学的专业和未来工作不对接。解决的方法呢？第一就是大学生学专业的时候，和未来工作对接要思考得更多，尽可能在未来找工作的时候，能够把自己在本科所学的专业用上。第二个情况，中国经济的发展速度比较快，各种中小企业和大型企业都在不断成长，招人的需求还是比较旺盛的。我建议，大学生有一个比较切实的心态，先找到工作再谋求发展，最后再去寻求自己的事业。"

在俞敏洪的回答中,他并没有一味地劝学生守住自己的理想、爱好和专业不放手,而是劝导他们从实际出发,培养一个养活自己的技能,先就业再职业。如今就业形势严峻,重要原因之一就是为数众多的大学生只着眼于少数热门行业。在这种情况下,对于大多数大学生来说,是很难在短时间内找到一份理想的职业的,如果不将目光转向其他行业,那么最终的结果只能是失业。

俞敏洪说:"如果说实在找不到工作,你必须要有一个另外能找到工作的技能。"这并不是放弃自己的理想,而是一种立足于现实的坚守。人们常常把眼光放在别处,希望以此来找到更好的发展舞台,这一点可以理解,但前提就是不要脱离实际。用联系实际的语言去说服别人,才更显得真实,也能更有感染力。

捷克作家瓦茨拉夫·哈韦尔在《无权者的权力》中讲述了这么一个故事,一个市场上的蔬果贩在店铺里打出了"全世界无产者联合起来"的标语。但这句话到底和他的生意有何关系呢?它是他的理想吗?他真心信仰这句话的力量吗?恐怕不,这句话离他的生活太远了,他只是个蔬果小贩而已。所以,这个标语没有任何的感染力。

语言与现实"隔离"是一个非常严重的问题。任何时候,我们说话都要联系实际,从现实出发,这样才能言之有物,言之有理。

战国时期,鲁国有一位姓施的人,他的两个儿子,大儿子懂学问,小儿子通兵法。大儿子以仁义的道理去劝说齐国国君,齐国国君用他做公子的老师;小儿子到了楚国,用兵法去劝说楚王,楚王很高兴,就用他做执法将军。两个儿子的俸禄,使他家很快就富足起来,邻里无不羡慕。

施氏的邻居孟氏,也有两个儿子,也是大儿子好学问,小儿子好兵法,但家境很穷,因此他便向施家求教致富的方法,施家便把实情告诉了孟氏。于是,孟氏的大儿子去秦国,拿仁义之理去说服秦王。秦王却说:"现在诸侯们激烈斗争,最需要的是练兵和筹饷。你要用仁义来治理我的国家,是招致灭亡的道路!"遂给他用了宫刑,然后放他回家。

孟氏的小儿子到了卫国,用兵法来劝说卫侯。卫侯说:"我们是个很弱小的国家,而且夹在很多大国的中间,大国我要顺从它们,小国我要安抚它们,这才是求得安全的办法。要是依靠兵法权谋,那我国的灭亡就在眼前了。要是让你好好地回去,再到别国去干事情,我国就可能受到灾难。"于是砍断了他的脚,把他送到鲁国。

孟氏全家含悲忍愤,怨恨施家没出好主意。

孟氏二子之所以失败,就是他们在说话的时候,没有联系实际的情况,只是盲目地照搬别人的经验,这样自然就难以得到别人的信任。

4. 换个角度分析问题，激发主动性

有位哲人曾说："我们的痛苦不是问题的本身带来的，而是我们对这些问题的看法而产生的。"一样的人生，异样的心态，看待事情的角度截然不同。一件事情，有的人看出了欢喜，有的人看出了悲伤，有的人看出了绝望，有的人看到了希望。一个人如果总是能够从积极的角度来分析问题，那么就能给人带去正能量，激发别人的主动性。

俞敏洪在《在绝望中寻找希望》中这样说道：

"我在面试时，有时会试着问：'同学，你想要的工作，我这儿都没有了，但是有两个卫生间没人打扫，你愿意不愿意干？'几乎不会有学生说愿意，实际上他在拒绝扫两个卫生间的时候，丢失了一个非常重要的机会。我让一个大学毕业生去打扫厕所，很明显是对你的考验。你在打扫卫生的时候，我绝对会关注你的一举一动。你的表现是不是符合那种正常的坦然接受一份工作的心态。

"当你真的把两个卫生间打扫得如此干净，你想我能让你一辈子打扫卫生间吗？至少我给你增加工资，我给你打扫四个卫生间；当你把四个卫生间打扫干净以后，我会考虑，是不是把所有打扫卫生间的后勤人员都给你管理，你不是很自然变成管理者了吗？当你把这些打扫卫生间的人员管理得井井有条，整个公司的环境因为你的管理变得赏心悦目，我不把你提到后勤主任这个位置上我提谁？你如果又干得非常出色的话，我不把你送到哈佛大学去读 MBA 我送谁去？当我把你送到哈佛大学 MBA 学完了，你回来你不当总裁谁当？"

"打扫厕所",这算是一个比较卑微的职业,但是俞敏洪却换了个角度来分析问题,阐述了这卑微的背后的机遇,从而鼓励学生们不要眼高手低,要从最基本的小事情做起。

凡事都是相对而言的,要用辩证的思想去看待成与败、荣与辱、得与失。

比如说,我们换个角度去分析挫折,就会发现,每个人的一生中,难免都会遭受挫折和失败。所不同的是失败者总是把挫折当失败,从而每次挫折都能够深深打击他取胜的勇气;成功者则是从不言败,在一次又一次的挫折面前,总是对自己说:"看,又获取了一些成功的经验。"

一个暂时失利的人,如果继续努力,打算赢回来,那么他今天的失利,就不是真正的失败。相反的,如果他失去了再战斗的勇气,那就是真输了。

翻阅历史的长河,古今中外,凡功成名就者都历经了千辛万苦。爱迪生发明电灯的时候,实验了5000多次都没有成功,大家觉得他已经彻底失败了,应当放弃了。但是艾迪生却说:"不,我没有失败,我只是还没有成功,而且我已经知道了有5000多种材料不可用。"经过7000多次的实验,他终于发现了钨丝这种可用材料。

同在一片蓝天下,沐浴着一样的阳光,有人说人生如美酒,芳香醇厚,甘饴醉人;有人说人生如苦海,风波险恶,浩渺无边。其实,人生的成败得失、高低起跌是可以相互转化的,就看你能不能从不同的角度去分析。

一个夏天的傍晚,有一位落魄的年轻人站在桥头要投河自尽,却庆幸被身边的一个老者给拉住了。老者问他:"你年轻轻的,有什么事情想不开的呢?"年轻人悲伤地说:"我开了五年的公司破产了,我的妻子也抛弃了我,您说我活着还有什么乐趣?"

老人听了沉吟一会儿,说道:"那五年前你在干什么呢?"年轻人说:"那时我才刚刚大学毕业,自由自在,无忧无虑呀……"老人问:"那时你有公司，有妻子吗?""没有。"老人说："那么你不过是回到五年前了。现在你又自由自在，无忧无虑了。"年轻人听了这话幡然醒悟，从此，他没有再寻短见。

有句名言："我一路光着脚走来，哭我没有一双鞋，直到有一天，看到一个没有脚的人。"每当我们遇到困难的时候，每当我们遇到不顺心的事情的时候，我们都应该庆幸自己还有一双脚，人生要懂得满足，需要自信、积极、向上地去面对。

人与人的交往充满了艺术的魅力，需要换个角度思考的能力。当我们面对失败、面对复杂的人际关系、面对工作中出现的矛盾和冲突时需要足够的耐心和多角度的思考，学习忍耐和调整自己的情绪。

特别是作为一个团队的领导者，不仅要调整自己的情绪，还要学会安抚团队其他成员的情绪，从积极的层面去分析问题，鼓励他们。比如说，团队的一个项目失败了，队员都很沮丧，这时候你可以这样说："幸好这只是个小项目，这个失败正好可以给后面的大项目积累经验。"当公司遭遇困境，公司里人心惶惶，你可以说："百度、联想、海尔、阿里巴巴等等大企业，无一不是从一次次的困境中走出来的。我们公司遭遇危机，这是好事啊，说明我们公司正在向着大企业迈进。"

每一件事情都有正反两个方面，一般人却都只能看到悲观的一面。但正所谓"福兮祸所依，祸兮福所伏"，即便是失败也有它的价值。会说话的人要做的就是，换一个角度分析问题，将事情积极的一面呈现出来，以此来鼓励大家。

5. 用积极的行动去说话

俞敏洪被人称为是创业导师，2010年度寻访"中国大学生自强之星"活动组委会联合中青在线开展的"自强之星"网络调查，结果显示，俞敏洪被当代大学生公认为是"最有代表性的自强榜样"。

许多人都认为，俞洪敏作为一个成功的商人，用自己的行动告诉大家：创业也是一条可行的道路。"北大踹了他一脚"的求学经历，艰难的创业故事，坦然展示自身缺点的励志演讲，激励了无数人不惧磨难，奋勇向前。

俗话说："喊破嗓子不如甩开膀子"，一分钟的行动，超过一箩筐的说教，用行动说话才有分量。

俞敏洪曾经说过这样一个故事：

"我的父亲是个木工，常常帮别人建房子。每次建完房子，他都会把别人废弃不要的碎砖烂瓦捡回来，或一块两块，或三块五块。有时候走在路上，看见路边有砖头或石块，他也会捡起来放在篮子里带回家。久而久之，我家院子里多出了一个乱七八糟的砖头碎瓦堆。

"我搞不清这一堆东西的用处，只觉得本来就小的院子被父亲弄得没有了回身的余地。直到有一天，父亲在院子一角的小空地上开始开沟挖槽、和泥砌墙，用那堆烂砖左拼右凑，一间四四方方的小房子居然拔地而起。父亲把本来养在露天到处乱跑的猪和羊赶进小房子，再把院子打扫干净，我家就有了全村人都羡慕的院子和猪舍。

"当时我只是觉得父亲很了不起，一个人就盖了一间房子。那时我家穷得几乎连吃饭都成问题，但我父亲没有放弃，日复一日捡砖头碎瓦，终于有一天有了足够的砖头来造心中的房子。

"后来的日子里，这件事情凝聚成的精神一直在激励着我。在我做事的时候，我一般都会问自己两个问题：一是做这件事情的目标是什么？二是需要多少努力才能够把这件事情做成？之后就要有足够的耐心，因为砖头不是一天就能捡够的。"

在这个故事当中，俞敏洪的父亲向他传授了一个道理——一块砖头似乎没有什么用，一堆砖头似乎也没有什么用，如果你心中没有一个造房子的梦想，哪怕你拥有了天下所有的砖头，也只不过是一堆废物；如果你只有一个造房子的梦想，却没有砖头，梦想也没法实现。而他所用的方式，就是用自己的行动说话。

有位哲人说过："我们不要做言语上的领袖，而要靠行动去激励你的属下。"NBA球员格里芬经常说："有的人喜欢靠语言激励队友，有些人以行动说话。我不是那种在训练中不停念叨的类型，我会在恰当的时刻指导帮助新人。"

身教重于言传，行动的力量是巨大的。有一位作家到一个城市出差，随手将吸剩下的烟蒂扔在马路上。这时一位十来岁的小姑娘走了过来，小女孩看了作家一眼，没有说任何话，而是默默地拾起那个烟头，将它放入左手的一个塑料袋里，默默地走开了。作家见状十分羞愧，从此之后，他再也没有随地扔过烟头。

孔子说："为政以德，譬如北辰，居其所而众星拱之"，"其身正，不令而行；其身不正，虽令不从"。孟子也说："上有好者，下必有甚焉者矣。君子之德，风也。小人之德，草也。草尚之风，必偃。"

从某种意义上说，一个老板的行为影响着整个企业的文化。台塑老板王永庆，一生将勤劳朴素奉为生活信仰，于是这也就成了企业中最重要的行为准则。公司不管从远处看还是从近处看，都是王永庆的味道，不论是大的决定还是很小的细节，都是王永庆的影子。

曾经有一本杂志上刊登过这样一则故事：查理是一家零售超市的老板。有一天，他在巡视店铺时发现摆运动衫的那个货架有些歪斜，他立即叫来销售助理把货架扶正，然后继续去巡视其他地方。彼得则是一家高档酒店的经理。有一天，他在大堂一端的桌子上发现了几张散乱的报纸和一张糖果包装纸，他立即走过去收拾了那里。

我们可以从中看出查理习惯于等级式的管理方式，他认为销售助理的工作就是确保这些细节不出差错，不然给他发薪水做什么？彼得却没有觉得自己的工作与普通员工的工作有多大的区别。他认为收拾一下大堂的垃圾并不会降低自己的身份，反而能给员工做出一个好的榜样，何乐而不为呢？

如果你希望手下的员工在没有人提醒的情况下，也会主动去做事情，作为领导的你首先要让他们看到你会去主动做这些事情。员工更可能以你的行为为榜样，而不是以你的话语为榜样。这是确保公司避免出现"各人自扫门前雪"情况的最好办法。

以身作则是一种真诚的价值导向，而知行统一的价值观，会使员工有真诚的认同感、责任感和归属感。唐僧没有什么本事，但他有坚定的信念，死活要向西、向西，他的团队也就拼死拼活保着师傅向西、向西。说一套、做一套的员工激励，只能叫"伪激励"。只有你真信真做的时候，别人才会效法你、追随你，才能形成一个有凝聚力、战斗力的团队。

6. 发挥目标的激励作用

美国马里兰大学心理学教授洛克通过大量的实验室研究和现场试验，发现大多数激励因素都是通过目标来影响工作动机的。有目标，才有动力；目标不明确，积极性无法发挥。所以，团队的领导者要善于运用指定明确目标的策略，激发员工的潜力。

俞敏洪在新东方教育科技集团 2012 财年获奖人员集团领导见面会上，也为员工们指定明确的目标，激发员工不断学习进步的潜力。俞敏洪说：

"我们在座的都是优秀代表，我做一个统计，各位优秀代表们，你们一年读书有超过二十本的请举手。你看，连5%都不到，请把手放下。5%都不到，非常遗憾。新东方是教育培训机构，你们代表什么？我们在教育培训机构工作，面对的是要不断长进的人。不管是老师还是员工，读书是我们长进最重要的一个途径……

"既然大家都已经是获奖代表了，我给大家提一个要求，拿你们的钱先买二十本书。我让总裁办公会的成员来开书单好了，我开五本，陈向东开五本，周成刚开五本，沙云龙开五本，我们把二十本书的名单合起来，发到大家的邮箱里。你们今年至少读二十本书。明年来的时候，我问读了二十本书吗？希望大家都举手。"

"一年之内读二十本书"，这是俞敏洪为新东方的优秀员工设定的目标。没有目的性的行为无成果而言，而有目的性的行为，才可取得最大最满意的成果。当目标确立以后，员工工作就会有一个明确的方向。

举个简单的例子,在跑步的时候,如果要人毫无目标和计划地去跑,只能使人感到乏味,虽然没跑多远,也使人感到十分疲劳。若是预先告知跑的距离,以及到达终点后的荣誉和奖惩,自然会引起人的兴趣,使单调的跑步成为一种追求和享受。

联系到具体工作上,如果领导者给下属下达一个指令目标,并让他们能够了解个人在整体工作中的作用与影响,自然就会使工作充满吸引力。而且这个指令必须还要明确,而非敷衍了事的模糊性目标。

美国著名经济学家布兰查德曾经以体育运动的例子来说明目标明确的重要性。比如保龄球游戏,他经常看到单位里有一个人去打球,他为球击倒所有的瓶子而高兴。但是上班时他为什么没有这股热情?因为他不知道"木瓶"在哪里。

大量研究表明,从激励的效果或工作行为的结果来看,有目标的任务比没有目标的任务好;有具体目标的任务比空泛的、抽象性目标的任务好;难度较高但又能被执行者接受的目标比没有困难的目标好。

凯文斯是一家大型连锁超市的运营部总监。新的一个年度到来,凯文斯把运营部分管的各分店经理们召集在一起,介绍运营部今年的工作要求:销售额增加25%,利润率达到15%,市场占有率提高3个百分点。

然后,他清了清嗓子说道:"先生们,下面请大家根据自己所掌握的各个分店的情况提提,今年每个分店能完成多少销售额,初步估算一下自己分店的利润率能达到多少。"几位分店经理听了部门经理的讲话,都默不做声,低着头看会议议程。

很久之后,才有一位分店的店长站起来发言:"先生,去年我们的客源少了很多,销售额今年不会提高很多。"他话音刚落,其他店长也开始强调本店的困难。凯文斯忙出声制止:"先生们,我把大家叫到这里,是让大家说能完成多少任务的,而不是发牢骚。"

"好吧,我们店能增加销售额25%。"一位分店店长挠了挠头,为难地说。随后,其他店长也提出了销售增长率,而且也都在20%以上。

上面的案例，就是领导者在制定下属工作目标时，最常见的一种现象——下属会尽可能多地强调自己的困难，期望降低工作目标。这是员工的保守心理的表现，这种保守现象，心理学理论解释为"免责现象"。人们都有这样一种心理倾向，就是避免在没有实现目标的时候受到指责，因而采取了一种低调的态势。

从心理学的角度而言，目标能激发人的动机，如果人没有行动目标的时候，他会放松对自己的要求和追求，人一旦有了明确的目标，就会产生责任感、紧迫感和内部动力，所以让员工制定目标可以帮助他们树立责任感，从而努力去实现目标。

此外，古人有云："取法乎上，得乎其中。"实际达到的情况往往都会比定的目标略低一点。而且无论我把目标定得有多低，实际达到的情况都会比预定目标略低一些。当我把目标定得看起来很高的时候，实际达到的情况也会比这个预定的目标略低一些。所以，索性就把目标定得高一点，才能彻底激发员工的潜力。

第二章
真诚——富有感情的话最能打动人

1. 用真诚叩开别人的心扉

俞敏洪曾说过:"因为真诚,所以动人。"无论是什么样的人,只有拥有一颗真诚的心与人交往,才能换来彼此的心灵相通,驱除人为的隔膜,坦然以待。真诚是一笔宝贵的财富,拥有这笔财富的人将是这个世界上活得最自在的人,同样每个人的语言魅力也是源于真诚。

一个人讲话如果缺乏真诚,虽然能欺骗别人的耳朵,却永远不能欺骗别人的心。著名演说家李燕杰说:"在演说和一切艺术活动中,唯有真诚,才能使人怒;唯有真诚,才能使人怜;唯有真诚,才能使人信服。"若要使人动心,就必须要先拿出自己的真诚。

俞敏洪在北京大学2008年开学典礼上说了这样一段话:

"我还记得我的英国文学史的老师罗经国教授,我在北大最后一年由于心情不好,导致考试不及格。我找到罗教授说:'这门课如果我不及格就毕不了业。'罗教授说:'我可以给你一个及格的分数。但是请你记住,未来你一定要做出值得我给你分数的事业。'

"所以,北大老师的宽容、学识、奔放、自由,让我们真正能够成为北大的学生,真正能够得到北大的精神。当我听说许智宏校长对学生唱《隐形的翅膀》的时候,我打开视频,感动得热泪盈眶。因为我觉得北大的校长就应该是这样的。"

俞敏洪的这一番话,感动了在场的所有人,赢得了台下师生的热烈掌声,因为他们在这些话中听出了俞敏洪的真诚,听出了他对老师的感恩,听出了对母校的骄傲。有诗云:"功成理定何神速,速在推心置人腹。"只要你与人交流时能捧出一颗恳切至诚的心,一颗火热滚烫的心,怎能不让人感动?

俞敏洪说:"在生活当中,你给别人什么别人就会给你什么,你只要记住这一条就够了。你骗别人,别人一定会骗你;你给别人真诚,早晚他的真诚会还给你。也许你今天给他一个苹果,10年后他都没有给你东西,但是20年后给你抱来一个大西瓜。要相信真诚,这是我现在对人性依然充满信心的原因。"

说话不是敲击锣鼓,而是敲击人们的"心铃"。"心铃"是最精密的乐器。因此,大凡成功人士总是能用真挚的情感、竭诚的态度击响人们的"心铃",刺激之、感化之、振奋之、激励之、慰藉之。对真善美,热情讴歌;对假恶丑,无情鞭挞。让喜怒哀乐,溢于言表;使黑白贬褒,泾渭分明。用自己的心弦去弹拨他人之心弦,用自己的灵魂去感染他人的灵魂,使听者闻其言,知其声,见其心。

有一位老师写了一本有关思想政治工作方法的书,出版社没有给他稿费,而是让他自己推销出一千册作为报酬。显然,对于那位老师来说,这远比讲课要难得多。

为了把这些书推销出去,他对学员们搞了一次演讲,他说:"……当老师的在这里推销自己的书,总不免有些尴尬。不过,如今作者也很难,写了书,还得卖书。出版社一下压给了我一千册,稿费一文没有,所以我不推销不行。这本书写得怎样,我自己不好评说。不过有两点可以保证:第一,这本书是我用三年时间完成的,是我心血的结晶;第二,书的内容决不是东拼西凑抄下来的,是我自己长期思考的见解。前不久,这本书被思想政治工作研究会评为社科类图书的二等奖,这是获奖证书。说实话,对于我们这些教书匠来说,搞推销比写书还觉得难,只是硬着头皮来找大家帮忙。不过,买不买完全自愿,决不强迫。如果觉得这本书对你有用,你又有财力就买一本,算是帮我一个忙。谢谢。"

这位老师的一番话产生了非常好的效果,一次就卖掉了300多册。这

位老师并不是专职的推销员，但他却取得了这么大的成功。因为他这一番话诚恳、认真，又处处为他人着想，表现出了他的真诚，赢得了大家的信赖。

真诚的语言，不论对说话者还是对听话者来说，都至关重要。如果一个人能用得体的语言表达他的真诚，他就能很容易赢得对方的信任，与对方建立起信赖关系，对方也可能因此喜欢他说的话，并因此答应他提出的要求。

白居易曾说过："动人心者莫先乎于情。"真诚的表达可以是朴实无华，但一定是感人的。情深，才可惊心动魄。说话是一个传递信息的过程，它的魅力，不在于说得多么流畅，多么滔滔不绝，而在于是否善于表达真诚。最能赢得人心的人，不见得一定是口若悬河，但一定要善于表达自己的真诚情感。

在生活中，有些人长篇大论甚至慷慨陈词，可就是难以提起听者的精神；而有些人仅仅寥寥数语，却掷地有声。这是为何呢？很简单，后者能了解人们的内心需要，能设身处地地站在对方的立场，为对方着想。因此他们的话总是充满真诚，也更容易打动人心。

在生活中，我们不妨用真诚的语言来对待每一个人。比如，对于那些帮助过我们的人，向他们真诚地说声谢谢。这样会赢来他们对你的好感，他们并不介意付出了劳动帮你，你的一句真诚的感谢是给他们的最好的回报。

又比如，在清晨时分，精神抖擞地向你周围的人真诚地问候一声："早上好！"这不仅仅是一句问候语，是亲善感、友好感的表示，更是一种信任和尊重。"早上好"一旦说出了口，双方都有了亲切、友好的愿望，彼此间的距离缩短了，不仅增进了信任，还沟通了关系。

2. 态度坦率，更能动人心

俞敏洪说："就是说人家跟你打交道，一眼就能把你看透，当然不是说把你的隐私看透，而是跟你打交道，你绝对不会害人，一定要让人有这样的感觉。如果你一打交道，发现这个人不知道他心里在想什么，也不知道他最后用什么方式给你'下手'，这样的人你还敢跟他打交道吗？肯定不敢。"

坦率，顾名思义就是要真实诚恳。谚语说："真诚贵于珠宝，信实乃人民之珍。"说话坦率的人，更能得到别人的信任。

有一次，中央电视台《面对面》栏目采访俞敏洪，俞敏洪当时只穿了一件普通的衬衫和牛仔裤，主持人王志问他："有没有估算过你这身行头有多少钱？"

俞敏洪不好意思地说道："我这身行头啊，行头坦率地说不值钱。我这件衬衣呢，我不知道多少钱。原因是因为我知道你要来，我原来穿的是一个T恤，完了我和我的司机换成了这个衬衣。这个衬衣，这个应该是，这个牌子叫什么，人头马。"

王志觉得有些难以置信，说道："真不知道还是……"

俞敏洪说："我真的不太清楚，我估计这是假的，我的司机不可能买得起真的。我这个牛仔裤就是中国市场上，你是知道的，就是一百块钱、二百块钱一条。我这双鞋倒是应该是值钱的，应该是一百美元左右吧，这是我老婆在国外的时候给我买的，她说你应该买一个穿着比较结实一点的鞋。就这么多。"

我们与人相处,良好的目标和准则应该是为了自己、他人和社会,三者均是获益者。交际的实质是给予和索取。如果给人感觉不够坦率,别人就不可能给你信任。社会上从来都不乏虚伪之人,他们把社交的技巧看成是蒙骗对方并谋取私利的一种手段。

有些人以追求名利为目的,伪装成一副正人君子、心口如一的样子,做的却是见不得人的勾当。但是,虚伪、伪装的东西是绝对经不起时间的检验的,迟早会被人识破。所以,一个人若在说话方面染上了这种毛病,也就注定了他失败的命运。

也正因为如此,俞敏洪对于新东方的员工自有一套考评方案,这个考评方案就是对一个人的个性是不是具备激情、阳光、坦诚进行评测,他还将这套评测系统用于新东方的招聘工作。俞敏洪说:"对于我们来说,这种坦诚的、真诚的、阳光的个性,是我们新东方最重要的员工文化。"

杰克·韦尔奇说过:"什么是信任?当一个领导真诚、坦率、言出必行的时候,信任就出现了,事情就是这么简单。"真诚坦率是一切信任的基础。

北宋词人晏殊素以说话真诚著称。他14岁时参加殿试,真宗出了一道题让他做。晏殊看过试题后说:"我10天以前做过这个题目,草稿还在,请陛下另外出个题目吧。"真宗见晏殊这样真诚,感到他可信,便赐他"同进士出身"。

晏殊在史馆任职期间,每逢假日,京城的大小官员常到外面吃喝玩乐。晏殊因为家贫,没有钱出去,只好在家里和兄弟们读书写文章。有一天,真宗点名要晏殊担任辅佐太子的东宫官,许多大臣不解。真宗对此解释说:"近来群臣经常游玩饮宴,只有晏殊和他的兄弟们闭门读书,如此自重谨慎,正是东宫官合适的人选。"晏殊向真宗谢恩后说:"我也是个喜欢游玩饮宴的人,只是家里穷而已。如果我有钱,也早就参与宴游了。"

真宗听了，越发赞叹他的真诚，对他更加信任。

坦率，对于一个人来说非常重要，如果做不到这一点，可能会耽误大事，造成不良后果。比如说，对于企业管理者来说，只有真诚待人、诚信做事和坦诚沟通，才能够获取下属的信任。所以，许多企业都提倡坦诚精神，鼓励所有的人，尤其是管理人员，直接了当地陈述自己的看法，引起争论和有效地讨论，快速地行动，让所有的人都能贡献他们的聪明才智。

然而，在现实中要想做到坦诚也并不是那么容易的，原因主要是以下几点：

第一，人性当中难以直面自身的弱点，有自我保护心理，不愿意揭露自己的缺陷，心理上习惯性地绕过，难以对自己坦诚和自省。比如说，当我们面对批评和指责的时候，第一反应可能就是反驳。所以我们需要时时提醒自己，当面对批评和指责的时候，能不能先冷静下来，仔细听听别人的意见。

第二，不愿意直面自己的失败，越是有成就的人越难以承认自己的失败，有时候往往为了掩盖自己的失误会做出更多错误的事情。我们需要做的是放下身段，把自己放在一个谦卑的位置上，接受自己的错误，接受残酷的现实，这样才有可能纠正错误。

第三，坦诚意味着更多的问题会被暴露出来，这迫使你不得不立刻面对和处理很多你现在暂时并不想面对的问题。有时候你可能已经意识到问题了，但是你害怕所有的问题一下全部被暴露出来，因为这意味着你不得不立刻处理所有的问题，而你现在还没有准备好处理这些麻烦。所以有的时候尽管你意识到并且想处理问题，仍然倾向于掩盖问题。但事实上，只要问题出现了，往往会以最坏的结果爆发出来，任何掩盖或者试图拖延问题的行为最终都会导致更加糟糕的后果，所以我们能做的只有勇敢地捅破"脓包"，让事情早些爆发出来。

第四，对别人坦诚意味着你不得不做出一些让别人感觉不舒服的

事情，让别人不喜欢的事情。比如说，坦率指出别人存在的问题，说出他的错误，这些都需要勇气，很多时候这样做还会意味着你自身面临着很大的风险，在我们与人为善的传统文化氛围下，做到这一点尤其困难的。

3. 尊重，把别人的感受放在心上

俞敏洪说："我从来没有在西方上学，但是有一种习惯我学会了，怎样在言行中间尊重每一个人的感受。"在生活中，每一个人内心深处都渴望被重视、被肯定、被尊敬、被欣赏。所以，每个人也应该学会尊重别人，因为尊重别人，就是给别人最大的鼓励和支持。

俞敏洪2010年4月25日在中国（江阴）长三角校长高峰论坛上作《中国教育的本质》演讲时说：

"想要一个有尊严的社会，是必须让每一个人在人格上都是平等的。在中国社会中，这一点很难做到，但是我们至少在学校里可以做到这一点。在学校里，让每一个学生、老师有尊严地活着，是可以做到的，因为学校关起门来就是一个平等的地方。校长自然要管理老师和学生，但是校长更多的是用爱心来管理，一起共同成长。尊重每一个学生的选择，尊重每一个学生的人格，尊重每一个老师的人格，用人性的方式来进行交流。

"我最怕的是老师和家长对孩子教育的时候训斥、怒骂、指责、侮辱。很多老师侮辱了学生自己都是不知道的。同样一件事情用不同的做法（如课外书的例子）、不同的方法处理，其结果是完全不一样的。如果家长不会说话，老师不会说话，学生跟着一起不会说话，一说话就伤人，一说话就不尊重人格，请问在这种情况下，我们怎么让每个人都有尊严地活着？"

成功学大师戴尔·卡耐基曾说："人类行为有一条重要的原则，如果你遵循它，就会为自己带来快乐；如果你违反了它，就会陷入无止境的挫折中。这条法则就是：尊重他人，满足对方的自我成就感。"

卡耐基认为，获得好感的最佳方式是尊重别人，让对方认为自己是个重要的人物，满足他的成就感。当你这么做时，不但会受到欢迎，也会使生命获得扩展。尊重是人与人之间沟通的桥梁，是维持良好人际的基础。而学会尊重应从说话客气礼貌待人做起。

说话的语气是一个人的品格、修养、才学和城府的体现。用尊重的语言对待他人，会让对方觉得你不仅有礼貌，言谈举止得体，还会认可你的人品。而且，当你能真心尊重和欣赏他人时，你便会去学习别人的优点、去克服自己的弱点，使自己不断地完善和进步。

语言是门艺术，说话的语气是至关重要的。话谁都会说，问题是别人爱不爱听，听不听得进去。言语多一点客气，这体现了你对别人的尊重，同样，别人也会以礼相待。

每个人都希望被别人认为很重要，所以任何时候都不要给自己树立起优越感。有些人自视甚高，他们觉得自己很重要，却忘了别人也需要这种感觉。他们在不经意间流露出对别人的轻视，于是受到大家的疏远。

自尊心是每个人都有的，无论是高高在上的领导还是沿街乞讨的乞丐。俄罗斯流传着一个向乞丐说"对不起"的故事：

有一天，作家屠格涅夫走在路上，一个穷人向他讨钱。他真诚地对穷人说："兄弟啊，对不起！我没有带钱出来。"但是那个穷人听了这话，非但没有失望，反而非常感动地对他说了句："谢谢！"

屠格涅夫非常疑惑，就问他："我什么都没有给你，你谢我什么呢？"穷人说："我谢谢你救了我的性命。我40年来因贫困而对生活失去信心，所以想去自杀。你是第一个叫我兄弟的人，这使我的内心感到很温暖，我还想好好活下去。"

尊重其实很简单，有时候一个微笑是尊重，一句客气的话语是尊重，一个友好的问候也是尊重，尊重不仅是人格魅力的体现，而且是个人修养的展示。尊重每一个人，不管面对的是领导、客户，还是同事，只要把尊重这两个字放在心上，对方一定能够感受得到。

当你在与上司、同事、下属相处时，若你能去客观地发掘别人的优点和真诚地尊重和欣赏别人时，那么你的人际关系定然会变得如鱼得水。但如果你总是认为自己怀才不遇，每当看到上司身上有不如自己的地方时，就从内心上看不起上司，更甚者在言语上也毫无尊重之意，那最后只能是自食其果，在职场中败北而归。

第二章　真诚——富有感情的话最能打动人

4. 将心比心，有感而发

古人云：口者，心之门户也。然而很多时候，"会说话"不等于是"能说会道"。想要打动别人，就应该从"心"开始。能够设身处地地站在他人的角度去思考，感同身受地与对方交流，才会获得最佳效果。

俞敏洪的演讲虽然不属于慷慨激昂的类型，但是依然非常能够激励人。如果我们去仔细分析就会发现，每次演讲时，俞敏洪总是能够感同身受，站在对方的角度去思考，抓住对方心中那根弦，那么瞬间便能攻破对方的心房。下面便是俞敏洪2010年6月2日在同济大学所作的一段演讲：

"那么成功和家庭背景有没有关系呢？我们常可以看到一些权贵富贾出身的人，他们一出生就含着金钥匙。比如，我们可能会看到，自己左边的一些同学穿着名牌服装，右边的拎着名牌的皮包，前面坐着市委书记的女儿，后面坐着中央领导的儿子，而你可能就是一个来自普通工人家庭的大学生。

"有的时候你会心存不满，但这个世界本来就充满着不公平，而很多不公平常常就在你的眼前闪现。你会说，这个世界怎么会对我这样，为什么他什么都有，而我什么都没有？我在大学里也有过这种很正常的心理。比如，我的同学有部长的儿子、有大学教授的女儿，而我却是一个农民的儿子，3次高考后才走进了北京大学，穿着布衣挑着扁担走进去的。你会发现你总赶不上他们的状态，倒不如说赶不上他们的脚步。"

从俞敏洪的这段话中，他表现出了自己与普通人一般的心态，把自己放在了与普通人相同的地位上，然后感同身受地表达出了自己的意见。将心比心地去与人交流，不仅能得到他人的理解，而且还能巧妙地触动他人深处的那根心弦，这样的说话方式是最"无害"却又能达到效果的。

人本主义大师卡尔·罗杰斯提出曾经提出一个"同理心"的概念，它就是我们在日常生活中经常提出的设身处地、将心比心的做法。两千多年前的孔子就说过："己所不欲，勿施于人。"也就是说，具有同理心的人能够做到"推己及人"。一方面，自己不喜欢的东西或不愿意接受的待遇，千万不要施加给别人；另一方面，应根据自己的喜好推及他人喜欢的东西或愿意接受的待遇，并尽量与他人分享这些事物和待遇。

人们常说："人同此心，心同此理。"同理心是人际交往的基础，是个人发展与成功的基石。没有同理心就没有彼此之间的信任，没有信任就没有顺利的人际交往，也就不可能在分工协作的现代社会中取得成功。

现在我们经常听到这样一个词"理解万岁"。为什么有那么多需要理解的心呢？就是说理解别人和被别人理解确实是不容易的事，而"将心比心"则是理解的最好前提，说大一些，也是中华民族的传统美德。

一位老人患病去医院输液，年轻的小护士为他连扎了两针也没有扎进血管里，眼见手背上起了青包。疼痛非常的老人正想抱怨护士几句，却抬头看到了小护士额头上布满了密密的汗珠，那一刻老人突然想起了自己的女儿，于是便鼓励她说："不要紧，再来一次！"

小护士扎第三针的时候，终于成功了，她万分感激地对老人说："叔叔，对不起。我真该感谢你让我扎了三针。我是实习的，这是我第一次给病人扎针，太紧张了，要不是你的鼓励，我真不敢给你扎了。"

老人笑了笑说道："没关系，我也有一个和你差不多大的女儿，正在医科大学读书。她也将有她的第一个患者，我真希望女儿第一次扎针也能得到患者的宽容与鼓励。"

将心比心，好说难做。它需要我们真正做到换位思考，真正付诸行动，如果我们能够在平凡的生活中做到这一点，那么我们与人相处时一切关系都可以融洽许多了。在现实生活中，我们每天都会和别人沟通互动，

但经常不经意地话不投机或语出伤人都不自知。

与人沟通最忌是以自我为中心的方式进行，如果凡事只以自己的利益为出发点，往往会忽略了对方的感受；而且以能解决自己的问题为先，只会令人感到你是一个自私、不尊重对方的人。能够将心比心，说话的内容亦会有所不同，当你学会以对方为中心，你会容易组织一些令对方接纳的说话内容。

比如，尽量避免反问句，多用客观陈述句。"我不是告诉过你吗"，"你不是已经……"，这种话听着感觉就是在责问。如果想不惹人讨厌，就少用反问，而用陈述句。

还有就是你交代给别人一件事情，或别人主动帮你做事情，避免说"这个事情挺简单的"，也别说"好吧"。或者委婉谢绝，或者表示感谢，或者说这件事你会做好，或者告诉对方这件事情需要何时完成及重要程度等。

5. 友善，才能拥有人气

说话并不是随意的，而是一门艺术。如果缺乏艺术、缺乏思考的话语，则常常会伤害到别人，造成人际关系的紧张。所以，人们在说话的时候，既要准确地表达自己的意愿，又要让别人乐于接受，就要三思而后言，把握好说话的分寸，要尽量使用友善的方式说话。

俞敏洪在《一个优秀的人的标志和特点》演讲中说：

"说出去的话就像泼出去的水，你把人给伤了，人家会记你一辈子。如果我骂你是头猪，你能不记我一辈子吗？我们很多领导、管理者一不小心就会说你'这个傻什么什么'之类的，我觉得这看上去好像你跟他很亲密，但实际上你在跟他说话的时候，是带有侮辱性的。这意味着什么呢？

"人格和尊严是我们每一个人，尤其是新东方人必须记住的。我们可以有岗位上的不同，我作为新东方的董事长比你的岗位要高许多职级，但是当我们面对面的时候，你是人，我也是人，我们两个是平等的。

"所以，要以对人的态度来对待你身边所有的人，不要看到领导就溜须拍马，就低三下四；看到自己的下属，也完全没有必要颐指气使、狐假虎威，完全没有必要。当我们自己摆正了心态，把所有人都当作是一个平等的人来看的时候，你就为中国的和谐社会做了一件大事。为什么？因为中国社会之所以出现那么多问题，原因之一就是因为岗位的不同导致了人格的不平等。"

在工作或生活中，人们难免会遇到一些令人不如意的人或事，但也要注意自己的言辞。因此，在说话办事时，即使要批评人，也要先看看对

象，看看事情的大小，然后再决定应使用什么样的方式，使用何种言辞。

美国总统柯立芝感觉秘书做事总不认真，他虽然很生气，但是他却没有直接批评女秘书。几天后，女秘书一进办公室，柯立芝就夸奖她的衣服很好看得体，盛赞她的美丽。女秘书受宠若惊，要知道总统平时很少这样夸奖人的。柯立芝接着说："相信你的工作也可以像你的人一样，都办得很漂亮。"果然，女秘书的文书从那天起就再也没有出现过什么差错。

我们可以想象到，如果柯立芝直接批评秘书，甚至贬损她，说她的工作怎样地不认真，连标点符号也随便丢掉，你再有这样的失误我就停了你的薪水等等。这样响爆竹式的批评效果肯定会使秘书陷入困境，她可能会因此大哭一场，甚至闹起情绪，工作效率肯定还会受到影响。而柯立芝却采取了另一种方式，让秘书明白以后做事一定要认真，不仅没有伤害到秘书的自尊，还达到了自己的意愿，一语双雕，不得不值得人们学习。

每个人都有各自的兴趣爱好、文化水平、生活习惯，而这些又是各方面的不同，难免对别人看不惯。当你对别人看不惯时，千万不能因此而用伤人的言语来伤害别人，以达到泄愤的目的。要知道，当你伤害别人的时候，别人也会对你心怀怨恨，他们同样也会想办法来报复你。出言伤人，不但不能达到伤害别人的目的，还会给自己带来更多的烦恼。

有一个《温和友善的力量》的小故事，讲的是风和太阳来比谁能让行人脱掉外套，但是风并没有把行人的外套吹下，还是太阳通过它暖洋洋的照射使行人自己把外套脱下了。风跟太阳比，显然是风更"强壮"，但是风并没有因为它比太阳强壮而赢得这次比赛。常言道，"柔能克刚"，意思是温和友善胜过激烈狂暴，而大家总是更愿意和友善的人交往。

著名演员葛优平日里是个从不耍大牌的人，一旦有影迷认出他，他就会迎上一张敦厚灿烂的笑脸，甚至友善地给影迷签名，与他们合影。

一次，葛优与冯小刚导演一同外出，路上遇到一个年轻人一直跟着他们，上下打量着眼前的两个人，弄得冯小刚都有些不耐烦了。终于，这个年轻人鼓足勇气，面向葛优试探性地打了一声招呼："你好，葛优！"

葛优用他惯常的招牌表情，客气地点了点头。年轻人立刻慌乱地摸遍身上所有的口袋，终于掏出一张皱巴巴的白纸，尴尬地说："不好意思，只有这张纸。"葛优却笑呵呵地安慰他道："没事儿，只要不是欠条就行。"这句话把年轻人逗乐了，一下拉近了两人的距离。

年轻人走后，冯小刚感慨地说道："我真是没想到，以你的名气和地位，换个演员哪会有这样的耐心啊！你怎么就能做到对所有的影迷都这么客气……"

葛优却用认真的口吻说："这事儿，对我吧，也许是第五万次，对他呢，也许就是第一次。人与人之间都是平等的，人家既然看得起我，我就必须尊重人家。"

不论是台上还是台下，葛优都是一名为人所称道的演员。可以说，在影视大腕眼中，给人签名、与人合影已是家常便饭，甚至早已腻烦透顶，可是在影迷眼中，这些事情就能成为人生中最难忘、最美好的回忆。

友善的葛优正是充分考虑到了影迷的感受，并予以真诚相待，他能把自己的"第五万次"当成"第一次"来做，站在他人的立场，不厌其烦地做着深得人心的事情，因此也赢得了人们的尊重和喜爱。

6. 站在对方的角度说话

耶稣说："你要别人怎样对待你,你就要怎样对待别人。"说话有不同的方式,有不同的技巧。世界上没有说不好的话,关键看你会不会转变一下思想,站在对方的立场,先想想别人。在与对方沟通时,站在对方立场上,才能让别人听着顺耳,觉得舒服。站在对方立场上,设身处地地想,设身处地地说。如此,不仅能使他人快乐,也能使自己快乐。

俞敏洪就是一个懂得站在对方立场上说话的人,下面是他在"2013中国留学教育高峰论坛"上演讲中的一段话:

"为什么我们要站在未来看留学?因为未来我们的孩子英语和汉语是完全无障碍交流的,我认为在未来几十年之内,按照50年来计算,英语依然是全世界最重要的交流语言,不管是书面上的还是口头上的,哪怕中国的经济总量超过美国,也不能改变这一事实,就是英语作为全世界的交流语言存在。这同当时希腊语已经作为罗马帝国的重要交流语言存在的概念一样。

"从这点来说,我们的孩子出去留学,尤其是本科出去留学,四年读下来能把英语变成跟汉语同等水平的语言。在美国本科毕业的中国留学生中,我通过调研发现用英文和中文写东西几乎是一样的水平,但是去读研究生这个水平就下降了,虽然英语的书面水平差不多达到非常好的写论文水平,但是口头交流的水平是远远不够的。

"未来,世界上会有越来越多的人学习汉语,因为中国经济的增长是不可阻挡的,汉语一定能够作为第二辅助语言在世界范围之内交流。所以，孩子多学得一种语言能力，其工作范围就不仅仅在中国，而是可以定位为全球。事物总是此消彼涨，当他们学完回到中国，假如中国经济衰退找不到工作，一定有别的国家开始兴旺起来了，孩子们可以在全球找工作。"

作为父母，最关注的自然就是孩子的前途，于是俞敏洪在演讲中，紧扣孩子的未来发展这一主题，让在场的人听了产生共鸣。

站在对方的立场考虑问题，我们就会发现，我们跟对方有了共同语言，对方所思所想、所喜所恶，都变得可以理解，与对方交往，也会变得得心应手。如果不懂得如何站在对方立场上思考和说话，那自然就会受到别人的排斥。

很多人习惯将自己的想法跟意见强加给别人，总觉得自己的做法跟意见才是最好的解决方式。虽然出发点都是好心的，是为了帮助别人解决某些问题，但是却始终没有站在对方的立场上想过这样是否合适。

所以当我们和别人商谈什么事情时，我们不应该先自我确定标准和结论，应该站在对方的立场仔细想想，关心询问对方对这件事情的看法和应如何解决这个问题，而不是直接讲一番自我的大道理来逼迫对方接受。

你可能常常会有这样的感觉，当别人企图说服你的时候，你通常会觉得对方根本就不理解你，不懂你的心情，不了解你的感受，不懂得站在你的角度看问题，所以你无法接受对方的任何建议，甚至他说了什么你也懒得去听。

那么同样地，当你企图去说服别人，给别人提建议的时候，如果你不站在对方的角度去看问题，别人也无法接受你的任何观点。如果这个时候，你能换个角度，让对方觉得你是他的"自己人"、"同类人"，那么对方会感到他自己被理解，因此改变最初的逆反、防御心理，慢慢地接受你。

戴尔·卡耐基每个季度都要在纽约的一家大旅馆租用大礼堂20个晚上，来讲授社交训练课程。但是有一个季度，他刚开始授课时，房主提出

要他付比原来多3倍的租金。而这个时候,入场券已经发出去了,开课的事宜都已办妥。

卡耐基在两天以后去找经理,他首先对经理提高租金的做法表示理解,然后帮他分析了这样做的利弊,他说:

"有利的一面:大礼堂不出租给讲课的而是出租给举办舞会的,那你可以获大利了。因为举行这一类活动的时间不长,他们能一次付出很高的租金;租给我,显然你吃大亏了。不利的一面:首先,你增加我的租金,却是降低了收入。因为实际上等于你把我赶跑了,由于我付不起你所要的租金,就得另找地方。

"还有一件对你不利的事实:这个训练班将吸引成千的有文化、受过教育的中上层管理人员到你的旅馆来听课,对你来说,这其实是起了不花钱的活广告作用。请仔细考虑后再答复我。"

讲完后,卡耐基告辞了。最后经理让步了。

整个过程卡耐基没有谈到一句关于他要什么的话,他是站在对方的角度想问题的。最后的结果却对他非常有利。所以说,设身处地替别人想想,了解别人的态度和观点,比一味地为自己的观点和主张作争辩要高明得多,不管在谈生意还是说服别人的时候都是如此。

由此,我们该明白卡耐基名言的含义:"无论你本人多么喜欢草莓,鱼也不会理睬它;只有以鱼本身喜爱的蚯蚓为饵,它才会上钩。""牛不喝水强按头"是达不到目的的,只有顺其意投其好,才能使它高兴地喝水。说服的最好方式不是强迫对方屈服,而是按照对方的内心需要,因势利导,才能达到我们对他的要求。

7. 坦然承认自己的错误

一个人犯了错并不可怕，关键在于犯错后你是以怎样的态度对待的。承认错误，是最明智的做法。如果你想成为一个优秀的人，你就必须得这么做。不要认为承认错误是一种软弱，事实上这是一种高明的说话之道，它能让你更加受欢迎，因为人们都愿意与勇于承认错误、勇于承担责任的人交往。

在新东方，俞敏洪以"勇于认错"著称，他曾这样解答他为什么宁愿承认错误而不愿意死要面子：

"人事纷争是很正常的，关键是领导者起到的作用、担当的角色和他的心态。有的人事纷争是因为领导者心胸狭窄产生的，领导者一定要心胸开阔，敢于承认错误。这个对我来说问题不大，因为我善于承认错误，如果我不承认，就可以被我的高层管理人员骂上很长时间，我还不如赶紧承认算了，他们就没得骂了。

"新东方的元老从来不把我当领导看。坏处呢，新东方结构调整管理的难度增加；好处呢，因为有人敢骂我，我能及时纠正自己的错误。因为这帮人都是我大学的朋友哥们，向他们承认错误不算丢面子。然后我发现向下属承认错误也不丢面子。

"有一次，我骂一个员工，凶了一点，伤他自尊了。第二天我意识到这个问题，就给他发了一个邮件，向他道了歉。这个员工感动得不得了。我们要勇于承认错误。"

因特尔公司董事长安德鲁·格罗夫曾说过："所有处于管理岗位上的

人,无论男女老少,都担心一旦承认错误,就会毁掉自己千辛万苦赢来的尊敬。但事实上,承认错误的确是力量、成熟和正直的标志。"

很多人都会竭尽全力地辩护自己的过失,而那些承认错误的人,却可以给人高贵、高尚的感觉。

美国总统乔治·华盛顿小时候曾有一次,砍掉了父亲买的一棵品种上佳的樱桃树。面对父亲的怒火,他没有丝毫隐瞒,坦诚地向父亲承认了自己的错误。结果父亲非但没有责罚他,反而欣慰地说道:"失去了一棵树,我当然很难过,但我同时也很高兴,因为你鼓足勇气向我说了实话。我宁愿要一个勇敢诚实的孩子,也不愿拥有一个种满枝叶繁茂的樱桃树的果园。"

在多数情况下,我们为了维护自己的尊严,或者出于自我保护而拒绝承认自己的错误,即使承认错误不会给我们带来任何惩罚,拒绝承认错误好像成为了一种下意识的行为,就算我们并不清楚是为什么。

这其实是一种非常愚蠢的行为。如果我们确认自己犯了错误,唯一能做的就是承认它。愚蠢的人,总会想办法为自己的错误辩解或者掩饰;而聪明的人却恰恰相反,他们通常会毫不掩饰地承认自己的错误,因为这会给他带来更多的东西。

卡耐基有一回带着自己的小猎狗到附近的公园散步,这个公园有一条这样的规定,就是带狗游览者必须为狗系狗链和戴口罩。一开始,卡耐基还常常按规定给狗戴上各种器具,但由于这个公园很大,也没有多少游人,所以时间一久他也就松懈了。

有一次,他被一名骑马的警察抓了个正着,警察严厉地说:"你为什么让你的狗跑来跑去而不给它系上链子?难道你不知这样做是违反规定的吗?"

卡耐基忙争辩道:"我知道,不过我的狗不会伤害任何人。"

那位警察生硬地说:"你的保证是没有用的,法律不会认同你的想法。你的狗也许会伤害到公园的小动物,也许会咬伤游玩的儿童。这次我宽容你，但是如果下次再发生这样的事，你就要去见法官了！"

那次之后，卡耐基的确遵守了那个警察的话。但是不久之后，他侥幸的心理又发作了。一天上午，他正与小狗在一座小山坡上赛跑，刚跑过一片树林，正巧碰到那位警察骑在一匹红棕色的马上。

他心想，这下可糟了，于是决定先发制人。他不等那个警察开口就自己承认错误说："警察先生，上次你警告我来公园的时候要给狗戴上项圈，但是我没有照做，触犯了规定，我愿意接受你的处罚。"

这么一来，那位警察倒不好意思了，微笑着回答说："我知道，在没有人的时候，谁都想让小狗无拘无束地跑一跑。这样吧，你只要让它跑过小山，到我看不到的地方，事情就算了。"

每个人都需要得到一种尊重。当我们主动承认错误的时候，对方也会感到很高兴，就不自觉地对我们宽宏大量起来，以彰显他的仁慈。可是如果我们跟对方争辩，那么就会得到与之完全相反的结果。

所以说，如果我们知道自己犯了错误，那么为什么不可以自己先找出错误，主动承认呢？这远远比从被别人批评要让人舒服得多，并且还会得到对方的谅解。犯了错误还死不认错，这样只会影响你在别人心中的良好形象。

8. 不说别人坏话

在谈到推动新东方改革的时候，俞敏洪说："我最终把握了一个比较重要的原则，就是我自己坚决不说任何人的坏话，这样就会稍微好一点。"《增广贤文》中有一句话叫做"闲谈莫论人非"，无论是当面顶撞，还是背后议论，这都是非常不好的。所以我们在谈到其他人，甚至是你的敌人的时候，都要多一点宽容，不说他们的坏话。

罗永浩对俞敏洪有意见这是众所周知的，他曾经多次批评新东方和俞敏洪，比如："新东方在社会上成功地制造了一个一群理想主义者创业的美好形象，我来的时候对新东方有很多很好的向往、期待这样的东西，来了之后慢慢发现这个机构其实就是一个100%的纯商业机构"，"俞敏洪从来都不是一个英语教师，他只是一个商人"，"俞敏洪是我见过的最没有原则的人"。两人之间似乎积怨甚深。

但一次新京报采访俞敏洪时，他却没有表现出多少愤恨，反而认为罗永浩是个很有个性的人。他说：

"有个性的人会自由散漫、不守纪律，有自己的独立思想，但这不足为奇，新东方鼓励在一定范围内表达自己的观点。

"老罗是我面试进来的，我很了解他。他在暑假以后就不在新东方教课了，他自己办的网站比较忙，没有空教了。我们是鼓励人才走出去的，因为一般的老师两三年就会进入一个疲劳期，不停重复自己，这对人才的成长是不利的。所以，我们鼓励人才创业发展，当然，如果留在公司内部发展更好。"

从小到大，我们一直被教导不要说别人的坏话。但究其原因，只有一条，那就是：优秀的人在思考如何战胜自己；能力低下的人在思考如何搞垮别人。所以，说别人坏话就等于承认自己无能。这种情况在职场上比较普遍。

有这样一个故事：有个投资人打算给一个小公司投资一百万美元，当他跟这个公司的CEO聊天的时候，却意外地发现这个CEO抱怨说手下员工能力很差，公司副总心胸狭窄。这个投资人立刻终止了投资的想法。

为什么呢？因为这位投资人认准一个道理：如果一个人喜欢说别人坏话，就说明他平时的心态是消极的、对立的、易怒的。这样的人一般都自卑，缺乏自信，没有安全感，需要靠否定别人来自我安慰，他会不断寻找别人的缺点和失败以证明自己比别人强，在面对失败和挫折的时候，他会倾向于把责任推到别人的头上。

相反，如果一个人能在背后夸奖别人，能坦诚说出自己的缺点，那么说明这个人充满爱心和正义感，有很强的自省能力，敢于直面现实。这样的人能力一般都很强。

当一个人希望不断进步，不断改进自己的缺点时，他就会观察周围人，希望从周围人那里学到改进自己的办法。当有这种心态后，他看到的都是别人的优点，所以，他心里时刻想着自己的缺点和别人的优点。这种心态反映到语言上，就是不断说别人的优点，同时敢于说出自己的缺点。即使他看到别人的缺点，他的第一反应也是："我是不是也有这个缺点呢？如何防止自己犯这样的错误？"

职场上的不说别人的坏话，推而广之，无非包括以下几个方面：

第一，不要说原来公司的坏话。

很多人离开原来的公司，都少不了愤愤不平，或者对公司的不满。于是就开始诋毁原来的公司。他们习惯于把原来公司说得非常不好，离职的原因也无外乎原来的公司怎么烂，原来的同事怎么烂。但是仔细想想，这又说明了什么问题呢？这只能说明，你当初的选择是有问题的，你的判断力和眼光首先就不高！

况且，行业圈子只有这么大，如果离开一家就得罪一家，那么总有一天，你会发现你已经无路可走。一个人在职业道路上能走多远多高，前途多宽广，很多时候还是由个人把握的。可以这样问一下自己：当你离开一家公司之后，你是否还能很开心地回去看看？回去是否还有人记得你，关注你？这其实也是考量职业是否成功的标志之一。

第二，不说现在公司的不是。

俗话说，"子不嫌母丑，狗不嫌家贫。"说自己正在工作的公司的不是，只能表现出自己的无能和懦弱。因为公司是自己选择的，在客户面前的牢骚，不会博得同情，相反更能增加客户的轻视。再说了，为什么别人能够"尽职尽责"去努力，去试图改变现状，你却只能在这里沉沦，在这里抱怨呢？

第三，不说同事的坏话。

每个人都有自己的活法和行事方式，或者你对于某些同事的能力看不上，或者你对于某些同事的为人处世看不惯。如果你觉得这样的同事值得你去帮助，那你中肯地提出来，别人能接受的、能提高的，他会感谢你。如果你觉得这样的人不值得你去沟通，那大可以不去管他，安心做好自己的事情就好。

俗话说，物以类聚，人以群分。所以，对于同事，合则相交，不合那就不去管他，专心做自己的事情就好，何必多事？

第四，不说对手坏话。

"感谢可敬的竞争对手，他让我时时都有危机感，而这危机感是我们前进的动力。"这类的话，不知道多少知名的企业家说过，正是因为有了合理的、良性的竞争，整个行业才能蓬勃地发展。说同行的坏话，只能说明我们自己的见识不多，是井底之蛙。

第二章 真诚——富有感情的话最能打动人

9. 在晓之以理时，莫忘动之以情

要说服别人，最大的障碍就是对方的"心理防线"。因此，设法动摇对方的心理防线，是说服对方的关键之处。那么，如何动摇对方的心理防线呢？除了要晓之以理，具有充实的内容外，更要动之以情。俞敏洪就善于以"情"动人。

1995年11月9日，俞敏洪奔赴加拿大温哥华去邀请徐小平加盟新东方，结果说了半天，徐小平并不感兴趣。于是俞敏洪诚恳地对徐小平说："新东方不缺英语老师，但缺有思想的人物，诚恳地希望你跟我回去管理新东方的思想。"

徐小平问："我回去之后利益如何分配？"

俞敏洪说："没有利益分配，你们上课我付工资，这不符合我和朋友交往的原则。我也不会让你做我的下属，这样你也不会答应。你可以使用新东方的牌子，开创留学咨询的新业务，新业务的收入全部归你自己。"这一番动之以情的话，终于打动了徐小平。

请到了徐小平之后，俞敏洪又跑到美国去邀请王强入伙。但当时王强在美国已经有了一份不错的事业，而新东方只不过是个没什么名气的小培训机构而已，王强自然没有什么兴趣。俞敏洪只好再次发动感情攻势："我知道你在美国的年薪有7万美元，我付不起你的工资。但我希望你不要忘记，我们是很好的朋友，是一起生活过的哥们。我们还是知识分子，中国的知识分子历来都视金钱如粪土，我要是给你发了薪水，就侮辱了你的人格。"王强最终还是被俞敏洪所打动，决定放弃美国贝尔研究所的丰厚待遇回国加盟新东方。

"动之以情，晓之以理"，这是劝导说服别人的最根本的两条原则。事实上，说服别人的关键，就是要全面分析双方的利弊得失，并向对方陈述厉害，看准了对方的需求，这样说服才能做到有的放矢。如果丝毫不考虑对方的合理需要，双方交谈就没有共同的语言，说服就无从谈起了。说服别人要有理有据，不卑不亢，同时，语气也要情切随和，入情入理，这是成功地说服对方的真谛之所在。

亚里士多德曾说过："说服是通过演讲使听众动感情而产生效果的，因为我们是在痛苦和欢迎、爱和恨的波动中做出不同的决定的。"理好比是硬物，而情则如水。刚强之物，形可碎而不可变，坚而不韧，强而易脆。而柔软之物，随势变形，柔而耐长久，软而有韧性。很多说服者在说服他人的时候，往往能催人泪下影响别人，使人不知不觉地接受，达成你的要求，这就是情感的力量。

在旧社会，许多小工厂都对工人实行"抄身制"，就是在工人干完活，离开工厂时要进行搜身，目的是为了防止工人私自将工厂中的物品夹带出去。但随着新中国建立，国家开始重视人权，于是，一些工会就开始要求工厂取消这种侵害人权的行为。

解放初期的一天，陈毅市长走访一家纺织厂，这位老板就向陈毅诉苦："陈市长，今天工会又来要我废除'抄身制'。不当家不知柴米贵。工人下班有抄身婆搜身，还经常丢纱呢。如果取消抄身制度，纱厂不被偷光才怪呢！"

陈毅劝说道："要说办工厂、买机器，我要拜你为师。因我只当过工人，没有经营过工厂嘛！要说管理工人、教育工人，你要向我学习哩！

"我在法国当过工人。那个工厂大得很，老板也比你厉害得多。厂子

四周筑起高墙，拉上电网，还雇了一大帮带枪的警察，对每个下班的工人，从头搜到脚，那过细的劲头，身上硬是连一根钉也藏不住。但结果呢？原料、零件还是大量丢失。为什么呢？老板把工人只当成会说话的工具，劳动很重，工资很少，工人实在无法养家糊口，工厂赚了钱对工人毫无好处，他们为什么不拿呢？

"现在不同了，工人翻身当了主人了，他们懂得生产经营搞得好，新中国才能富强起来，工人才能改善待遇。你们虽是私营企业，但也是新民主主义经济的一个组成部分，一样可以有利于国、有利于民。所以，以我之见，你应该在纺织业带头，用我的办法试试看，废除'抄身制'，关心工人利益，待工人如朋友、如弟兄，有困难多与他们商量着办。我相信眼前的困难会克服的。"

经理听了连连点头："想想是有些道理。"第二天，他就主动找工会研究，决定废除"抄身制"。

陈毅一番话，使资本家奉若神明的"抄身制"取消了，足见劝说有术，言之有力，这正是"以理说人，以情动人"的威力。"动之以情，晓之以理"，是劝导说服别人的最根本、也是最重要的两条原则。

晓之以理就是要"摆事实，讲道理"，让人从你讲的道理中领悟到其正确性，从而接受你的意见，按照你的意见行事。动之以情则是要在说服的时候，开诚布公，以诚相见，让对方感受到自己的诚意，以真心去换取对方的实意，这样反而能够促使双方尽快达成一致，从而成功地说服对方。

"理"容易从事实上说服人，而"情"则能从心理上感化人，因以情动人，往往能在催人泪下的同时，不露痕迹地对他人施加思想影响，使人不知不觉地赞同你的观点，这就是情感的力量。

说服的过程，实际上就是一个情感互融的过程。人都是有感情的高级动物，真正的铁石心肠的人是不多的。在与人进行交谈并劝说别人接受自己的观点，或者是在寻求帮助的时候，于情于理的话更有说服性，更能加大成功的砝码。所以，感情是说服的唯一纽带，如果不能投入感情，整个说服过程就显得干巴巴的，让人听着很不舒服。

第二章 真诚——富有感情的话最能打动人

第三章
激情——点燃听者内心的火焰

1. 激情源自自信

　　心理学家史蒂芬·柯维曾告诫我们："人们对待生活的心态是世界上最神奇的力量，带着热忱、激情和希望的积极心态投入到生活和工作中去，能将一个人提升到更高的境界；反之，带着失望、怨恨和悲观的消极心态，则能毁灭一个人。"

　　一个领导者，需要具备一种特立独行的精神，那就是自信，只有自信你说出的话才会有激情，才能够感染别人，让别人相信你。俞敏洪无疑就是一个自信的人，而且他能够将这种自信转化到言语当中。

　　在苏州大学的演讲中，俞敏洪说道："如果说优秀是一种习惯，那么懒惰也是一种习惯，我们的一言一行都是日积月累养成的习惯，从现在起就要把优秀变成一种习惯，使我们的优秀行为习以为常，变成我们的第二天性。"以此来讲述"目标之下，更需要一种持续的努力"的观点。

　　他还举了自己的例子，直到现在他每天晚上还会习惯性地翻阅英语字典，背诵四五十个单词后再睡觉。尽管他早已掌握了几万个英文单词，但为了不遗忘众多单词的词义用法，他依然保持着这种最基本的学习习惯。"对英语的研究是我的生存根本，所以我每天都要去熟悉和接触它。"

　　在挫折面前，俞敏洪告诫大学生们一天都不能失望，要始终微笑着面对这个世界，他认为现在大学生频发的自杀事件是因为他们没有一种好的心态来面对挫折和失败。"珍惜自己的生命，持续努力地向优秀的人学习，才能成功。"

　　俞敏洪说，他的自信来源于知识和才干，"即便现在新东方破产失败了，我变得一无所有，但因为我拥有的知识和才干，依然有可能在第二天就办出'新西方'来！"

俞敏洪的演讲慷慨激昂，感染了在场的所有听众。他的这股激情从何而来？就是源自他的自信，自信让他身上充斥着一股强大的气场，而强烈的气场可以将一切的不可能化为可能，是征服他人最直接有效的方式。

俞敏洪说："你可以说自己是班级最差的，但你能证明自己是全校最差的吗？能证明自己是全国最差的吗？所以不必自卑。"一个人若被自卑所控制，好口才也会因此而枯萎。倘若没有自信，一切想说的话便变得有气无力、吞吞吐吐，一切想成功的事情也会随之化为泡影。

西方领导学家及心理学家在对魅力领导人的研究中发现，把这些领导人与普通人区分开的第一个特征就是自信。麦肯锡公司在对大量的成功企业家进行研究后发现，他们"都具有一般人所没有的自信心"，"他们的自信表现不会像其他人一样被失败的心理摧垮"。世界上伟大的创造性天才们都充满了自信。这种自信是一个成功者必须具备的基本条件。连自己都不相信的事，怎能让别人相信呢？

罗斯福就任美国第32任总统。当时美国乃至世界的经济大萧条已经使经济，甚至是社会到了崩溃的边缘。面对困境，罗斯福却表现出一种早已运筹帷幄般的自信，这让整个政府慢慢从慌乱中稳定了下来。

在宣誓就职时，罗斯福换了一身笔挺的新装，周围的人也都衣着整齐。他以一个仪式化的方式发表了一篇轻松、简短却充满力量的演说，他告诉人们："我们唯一害怕的就是害怕本身。如果不再恐惧，一切都可以改变！"他的演讲轻松中又带着坚定，并且充满了信心。环境氛围的改变和政府的信心让美国国民为之一振，对这个新上任的总统开始产生信心。

罗斯福的仪式不仅巧妙地改变了美国人的思维，提振了大家的信心，同时在告诉美国，甚至世界——我要改变这一切，相信我！当周罗斯福就接到了50多万封民众支持政府的信件，提振信心效果显著。

缺乏自信的人不易于让人信任，没有一个人愿意让一个缺乏自信的人

承担重任,他们给人一种"扶不起来的阿斗"的印象。追随者和部下希望领导班子能实现他们梦寐以求的目标,只要你展示坚定不移的态度,你的自信就能感染他们,他们就会把希望寄托在你的身上,而紧紧地追随着你,你的自信和气势能够让他们相信:"我能够为你们创造奇迹!"

　　自信的人从来都不会被生活所打倒,因为他总是充满激情,一个对生活充满激情的人,那么即便遭遇了挫折,他都能勇敢地向前挺一步,人家倒下去,他都还能站在那。因此,不论是经历过挫折的人,还是依旧在成功路上拼搏的人,都应该随时保持一种自信,这样才会在打拼的路上一往无前。

2. 激情来自一种不可磨灭的梦想

俞敏洪说:"创业,一定要有激情燃烧的岁月的感觉,或者是万马奔腾的感觉。"可以说,任何事情要想做成功,都需要激情作动力。没有了激情,就像没有了汽油的汽车,你只能推着它走,很费劲,特别是当你看不到加油站的时候。

俞敏洪说:"世界上取得成功的人,没有一个不是全身心热爱自己做的事情的,否则他一定会半途而废。对我个人来说,我一定是全身心在做新东方,就像沃尔玛的总裁一辈子都开着自己的小飞机在全世界每个店飞来飞去,看到商品都恨不得去亲吻一下,他对每个商品都充满感情,你说他能不把每个商品卖得像艺术品一样吗?"

俞敏洪所说的"全身心热爱"就是一种创业激情。激情是创业者最基本的前提与素质之一,创业者大多是非常有激情的人,一个没有野心没有魄力没有激情的人,期待他去创业是不可想象的事情。

他说:"我从北大出来的第一个梦想是每个月能比原来多挣一些钱,我充满激情地去上课、去挣钱,才有了新东方的今天。现在我对新东方的教育梦想充满了激情,所以我才有勇气继续把新东方做下去。"

俞敏洪的很多大课,几乎都能看到激情四溢的场面。于是就有记者调侃他说,平日里看起来很像颓废诗人的一个人,只要登上了讲台,只要看到了台下的学员,立刻就精神百倍,课讲得"犹如长江之水,滔滔不绝"。

他尽情地在几百人、几千人的大课堂上释放他的激情,一次又一次地肆意挥洒自己的汗水和泪水。而"激情"也成为了新东方课堂的一个特

色,俞敏洪鼓励、要求新东方的老师必须在课堂上充满激情,充分调动起学员们的学习热情。

黑格尔说:"我们可以肯定地说,世界上的伟大事物都是靠激情来成就的。"激情存在于一切伟大的探索之中,它是一切创造活动和工作的动力。对自己工作的热爱和激情,是一个人取得事业成功、身心愉快的最关键因素之一。

对于立足于当今社会的人来说,工作不再是简单地为了解决吃饭问题,人们更希望通过工作或事业的发展来达到自我价值的肯定。只有做着自己热爱的工作,我们才能活得充实,才会感到快乐。一旦我们把激情从生活中抽离出来,那么生活就会变得无趣,工作也会变得乏味。

激情是不断鞭策和激励我们奋进的动力,它可以使我们不畏惧现实中所遇到的重重困难和阻碍,也可以使我们克服因为忙碌、疲倦、重复和没有新鲜感而产生的压力与倦怠。充满激情的人,收获一定大于付出。

被誉为"国际华人成功学第一人"的陈安之,年轻的时候,曾先后做过餐厅服务生、净水器推销员、巧克力批发商等18种职业。但无一例外地都以失败告终。直到21岁的时候,他无意中参加了一个成功学培训班,而导师正是闻名遐迩的潜能激励大师安东尼·罗宾,这一次的培训改变了他的人生轨迹。

培训班中有这样一个项目,在一条20米长的跑道上,路面上铺满了熊熊燃烧的炭火,炭火上盖着一块铁板。而所有的学员必须脱掉鞋袜,从铁板的这头跑到那头。看着烧得通红的铁板,陈安之鼓足勇气,试探着伸出一只脚,吓得直想喊娘,赶紧缩了回来。

他的胆怯立即受到了在场众人的耻笑,两个女同学当面骂他是"孬种",嘲讽钢针般地刺着他的心,他感觉浑身的血液都"嗖嗖"地往上涌。也不知从哪里来的勇气,突然,他拔腿就跑,一个箭步飞跃上铁板。接着,他百米冲刺般地跑完了全程!

但是奇怪的是,看似烧得滚烫通红的铁板,其实并不是想象中的那么烫。因为在奔跑中，除了"呼呼"的风声，他几乎什么都没感觉到。顿时，他明白了安东尼·罗宾为何要设"走火"这项极端训练，它告诉了我们一个真理：你如果想成功的话，那么要做的第一件事就是抛开所有的顾虑和犹疑；继而，让所向披靡、无往不胜的激情充盈你的体内！

通用电气前 CEO 韦尔奇说："对我来说，极大的热情能够一美遮百丑。如果说哪一种品质是成功者共有的，那就是他们比别人更有激情。对成功者来说没有什么细节因细小而不值得去挥汗，也没有什么大到不可能干好的事。多年来，我一直在我们选择的领导者中发掘其工作激情，激情不是浮夸张扬，而是某种内心世界的东西。"

激情是一种情绪、一种精神状态，是不竭的动力。如果你热爱你的工作，它就会触动你的心弦，成为你注意力的焦点，激发你愉悦的情绪。对工作持有激情的人，不需要别人监督，不需要别人催促，自己就会情不自禁地去钻研、改善自己的工作，不知疲倦，乐在其中。对于他们而言，工作如同享受，生命的意义在工作中可以得到体现。

从心出发，就能充分发挥自己的能力和精力。不管是生活还是工作，本没有高低之分，唯一有区分的就是你做哪件事情会更加有激情。一个人最重要的就是展示自己生命的激情，愿意让自己的生命变得更加有意义，从而让自己在日常生活中感受到更多的快乐幸福。

第三章 激情——点燃听者内心的火焰

3. 激情不要过剩

做事业要有激情,没有激情你是不会成功的。这是我们经常能够听到的话,尤其是在许多的励志培训当中。但是俞敏洪说:"激情过剩了,有的时候会伤害人,在激情背后要增加你的宽容度和提高个人沟通的能力。"

的确,激情一旦过了度,就会导致情绪失控,想干什么就干什么,不考虑后果,这严重危害到了我们的人际关系。"冲动的惩罚","冲动是魔鬼","冲冠一怒为红颜"……生活中多少案例,多少事后的后悔,都是因一时冲动而失去理智造成的。

《赢在中国》的节目中,有一位创业者,名叫丁恒立,他年轻有才华,也有激情,但是却经历了数次的创业失败。

俞敏洪这样对他说:

"就你个人来说,你的性情刚硬。性情过刚在年轻的时候是可以的,年轻气盛,总爱有点闯劲。但由于你前面两次创业失败了,就目前这个年龄,30多岁了,需要把这种刚性改成柔性,把刚性留在心中,变得有弹性的刚性,要有韧性。

"也可以看出来,你是一个很有激情的人,但是有激情本身不一定能做成事情,我估计两次的创业失败跟你的激情也有关系。激情过剩了,有的时候会伤害人,在激情背后要增加你的宽容度和提高个人沟通的能力。

"你的第三次创业全是家庭成员和哥们儿,这是一种退步,不是进步。所以希望你在事业做大的同时,能够进一步扩展家庭成员之外的人,能够真正学会与原来跟你没亲情关系的人打交道,这是最大的基础。因为像我们有几千人的大公司，你家庭成员怎么样用也是不够的。"

激情是一种爆发强烈而持续时间短暂的情绪状态，具有爆发性和冲动性，人们在生活中的狂喜、狂怒、大悲、大惧都是激情的表现。

当激情到来的时候，大量心理能量在短时间内积聚而出如疾风骤雨，使得当事人失去了对自己行为的控制力。《儒林外史》中的范进听到自己金榜题名时，狂喜之下，竟然意识混乱，手舞足蹈，疯疯癫癫；而有些人在暴怒之下双目圆睁，咬牙切齿，甚至拳脚相加。

激情对人的影响有积极和消极两个方面。一方面，激情可以激发内在的心理能量，成为行为的巨大动力，提高工作效率并有所创造。例如，战士在战场上冲锋陷阵，一往无前；画家在创作中尽情挥洒，浑然忘我；运动员在报效祖国的激情感染下敢于拼搏，勇夺金牌。

但是在另一方面，激情也有很大的破坏性和危害性。激情中的人有时任性而为，不计后果，对人对己都造成损失。许多人犯罪，就是因激情而失控的情况下酿成大错。

三国时期，蜀国大将关羽因为大意最终被吴国擒杀，后张飞又因为赶制孝服的事为部将范疆、张达所杀，这二人随后逃命到东吴，可以说是间接为东吴所害，于是盛怒之下的刘备决定东征孙吴。

蜀国大臣百般劝阻，均不能打消刘备为兄弟报仇的决心。因为当时诸葛亮和赵云都反对攻吴，所以刘备干脆就没有带上他们，他认为既然你们都阻拦我不愿意伐吴，那我就一个人去，遂起倾国之兵前去复仇。

《孙子兵法》里的一句话"主不可因怒而兴师"，刘备为争一时之气，在条件不具备的情况下出兵伐吴，终致失败，被陆逊火烧连营，最后仓皇逃回白帝城，不久就郁郁而终了。

冲动的直接触发是一个"躁"字。古人云："多躁者，必无沉潜之识"，是说过分浮躁之人，一定没有深刻的认识；又说"处事最当熟思缓处"，告诉人们遇事进行处理，最佳做法是深思熟虑和延宕一下再办。这些格言警语，无不渗透着先人的卓见哲思。

其实，具有理性控制力的人，反映了一种涵养和心态。"逆境顺境看襟度"，这"襟度"就是涵养，有涵养好，涵养过人尤好。"世上闲言碎语，一笔勾销"，这就是良好的心态。心态良好，就不会去计较鸡毛蒜皮羊杂狗碎之事，你让他计较他也不会计较，没那工夫也没那兴趣。

随着人们年龄的增长及社会接触的频繁，遇到的事将越来越多，同时交往的人也越来越复杂。相处中难免与别人发生争执甚至碰撞。我们在日常生活中，因芝麻大的小事而大发雷霆，因一句半句闲言碎语而怒发冲冠，甚至由于对方一个不经意的表情而倍加指责、不依不饶，由于他人一时忽略一时发蒙而横加挖苦、数落不休的情况屡见不鲜。

于是，如何处理人际关系也就成了最为重要的问题。很多时候冲动者并无恶意，只是让激情过剩而失去了理智、击乱了心态，一时间变成了与正常状态下截然不同的人。等冲动过后，即恢复常态。

此外，因为激情过剩而产生的狂热情绪还会使得人们思想过于偏执，言行举止脱离正常范围，不能清醒地看待问题，不能理智地处理事情，不能稳健地拓展事业。

比如，大独裁者希特勒算得上是最具狂热激情的代表人物了。希特勒就是因为他的激情严重过度，成为了一个狂热的法西斯独裁主义者，他觉得日尔曼民族是最伟大的民族，所有的人种都应臣服在他们麾下。他梦想统治世界，统治全人类。狂热激情使他偏执，使他丧失了冷静的思维，为了那个根本不可能实现目标而歇斯底里地发动战争。

中国也不乏激情过剩的企业，例如过去的巨人、秦池、爱多等等不胜枚举。虽然它们的失败是多种因素造成的，但主要诱因就是企业领导人过度的狂热。先期因激情使他们的企业迅速壮大，但随着实力的壮大而迷信自己无所不能，这种狂热到后来逐渐演变成为了可怕的自大，最终使得企业滑入失败的深渊。

4. "从绝望中寻找希望"

"追求卓越,挑战极限,从绝望中寻找希望,人生终将辉煌。"这是新东方的校训,也是俞敏洪的座右铭。俞敏洪说:"人活着需要有一种感觉,新东方之所以被很多人接受,也是因为新东方有一种感觉存在,凡是到新东方来过的人,都在新东方感觉到了一种活力、一种顽强和一种豁达。"

理想是一个人的生命力,希望是一个人生存的精神支柱,因此无论如何都不能使我们放弃梦想与希望。一个人穷困潦倒不要紧,孤独无助不要紧,落魄无依靠不要紧,失败受打击不要紧,只要他还有希望,只要他还肯拼搏肯努力,那么世上就没有什么是不可能发生的。

俞敏洪在《新东方之梦》中这样说道:

"很多人问过我,所谓的新东方精神到底是什么?我觉得这很难一言以蔽之。对于局外人来说,新东方校训中的'从绝望中寻找希望'只是一句口号,而对于在新东方学习和工作的很多人来说,是实实在在的生活写照。

"新东方精神对我而言,是生命中一连串铭心刻骨的故事:被北大处分后的无泪的痛苦,被美国大学拒收后的无尽的绝望,被其他培训机构恐吓后浑身的颤抖,被医生抢救过来后撕心裂肺的哭喊;新东方精神对我而言,更是痛苦之后绝不回头的努力,在绝望之后坚忍不拔的追求,在颤抖之后不屈不挠的勇气,在哭喊之后重新积聚的力量。

"新东方精神对新东方的老师而言,是在教室停电后依然用嘶哑的嗓子借着烛光继续上课,是在学生困惑时用励志的故事催人向上,是在学生

累时用嘹亮的歌声鼓舞人心，是在夏天四十多度的教室里和学生一起背诵课文来抵抗酷热。

"新东方精神对新东方的学员而言，是在孤独和绝望中对人生光明大道的探索，是在举目无亲的城市从一辆公共汽车挤进另一辆公共汽车的艰辛，是在马路边一边吃盒饭一边背单词的勤奋，是在失败之后擦干眼中的泪水又鼓起勇气重新爬起来的坚定。"

在我们的日常生活中，一提到"希望"和"绝望"这两个词，想到的更多是生活中绝望的一面。可以说我们生活的90%是由绝望组成的，而你保持精神不垮就是要从这种绝望中找到一线希望。

俞敏洪高考三年才考上大学，在北大六年没谈恋爱，还得了肺结核，在北大教书，也没有多大的成就。他联系美国学校，结果三年半也没有一个美国大学给他奖学金。最后还因为在校外培训班上课而被北大处分。

离开北大后的俞敏洪突然发现人生有些走投无路的感觉，生命和前途似乎都到了暗无天日的地步，一开始他觉得老天对他是如此的不公正，他认为他这个人很不错，为什么让他受如此之多的苦难和绝望？但是后来他想通了，他说："之所以经历这么多的波折，之所以最后去不了美国，是因为冥冥之中有一个新东方学校在等着我。"

真正的强者不是永不倒下，而是每次倒下后都不为困难所吓倒，因为他们的心中总有一线希望，所以每次倒下后都能努力地站起来。其实人生永远没有失败，真正的失败就是从你宣布放弃的那一刻起。

一个人可以在生命的磨难和失败中成长，正像在腐朽的土壤上可以生长出鲜活的植物。土壤也许腐朽，但它可以为植物提供营养；失败固然可惜，但它可以激发我们的智慧和勇气，进而创造更多的机会。只有当我们能够以平和的心态面对失败和挫折，我们才能有所收获，才能变得成熟。

美国历史上最伟大的总统林肯是一位拓荒者的儿子，他出身卑贱，一生受到无数诽谤中伤侮辱背叛，母亲姐姐女友父亲儿子在他最需要时弃世而去。在他的人生当中，无数的失败经历伴随着他成长。

22岁经商失败，23岁竞选众议员失败，27岁精神崩溃，29岁竞选州议长失败，34岁争取国会提名失败，39岁竞选众议员失败，46岁竞选参议员失败，47岁竞选副总统失败，49岁竞选参议员失败。

他曾说："我总感到不堪重负，每走一步都要望望什么时候曙光才会来临。"承受这样多这样的失败，足以摧残一个人的精神世界，可是他却努力着、奋斗着、坚持着，熬到了成功的那一刻。

林肯从来都没有放弃过希望，即便是在最困难的时候，依旧坚持不懈地寻找属于自己的道路。途中有荆棘，他咬咬牙继续前行。他无数次跌倒，然后又无数次地爬起来。每次，他都能从失败中汲取到比成功更多的营养，从而能够积攒足够的实力，勇敢地去挑战更有意义的更大的目标。

有人说："太阳是让你记住光明，月亮是为了在黑暗中帮你寻找光明。"只有记住光明，才能追寻光明的足迹，而月亮，正是你路途中的导航。我们要时刻牢记，这个世上没有绝望，真正的绝望来自于我们放弃希望的那一刻。

丘吉尔小时候被同学认为是笨蛋低能儿，却在花甲之年登上首相宝座；纳尔逊·曼德拉四十几岁关进牢狱，27年后才重见天日，却依然不改初衷，致力于废除种族隔离制度，争取平等自由；海伦·凯勒自小双目失明，但凭着自己的信念，成为了19世纪最伟大的作家、教育家、慈善家和社会活动家。

许多人因为一点小事想不开而放弃自己的希望和追求，却没有想过，当上帝为你关闭那一扇门的时候，还为你开了无数扇折射光芒的窗扉。在成功者的世界里，没有"绝望"这个说法。

5. 运用充满激情的语气

激情是俞敏洪演讲和教学的一个特点，新东方创立初期，俞敏洪就曾用这种充满激情的教学方式一下子吸引了无数的学员，还常常导致教室不够坐，不得不改在操场或是大礼堂上课，新东方也因此而声名鹊起。

俞敏洪在山东政法学院演讲时，曾经这样说道：

"失败并不可怕，成功也并不是终点，重要的是我们面对成功和失败的态度。面对失败首先要摆脱抱怨，要从自身找原因，剖析自己，获得经验，这样才能进步。

"记得我在北大的时候，到大学四年级毕业时，我的成绩依然排在全班最后几名。但是，当时我已经有了一个良好的心态。我知道我在聪明上比不过我的同学，但是我有一种能力，就是持续不断努力。

"无数卑微的目标积累起来可能就是一个伟大的成就。金字塔也是由每一块石头累积而成的，每一块石头都是很简单的，而金字塔却是宏伟而永恒的。

"上进心表现在两个方面，一个是超越别人；再一个是超越自己，今天的我比昨天优秀，明天的我比今天优秀。我们很优秀，但总有人比我们更优秀；我们很差，但还有人比我们更差。所以我们不必跟别人比，只要每天超过自己，苟日新，又日新，日日新！"

在演讲中，俞敏洪向现场的听众阐释了人生奋斗的道理。尽管很艰辛，但他保持了上进和自信的心态，不断地去争取一切改变生活的机会，改变自身不利的条件。他的演讲励志而又充满激情，博得了现场听众的阵阵掌声。

说话缺乏激情，就会显得苍白无力。相反，如果你的语言能够富有激情的话，那么就算内容有那么点平淡无奇，还是会有不少观众愿意倾听你的思想。然而，现实中却很少有人能讲得富有激情。许多演讲者自以为讲得很有激情，但在观众看来，他们只是表现平平。

其实，每个人都有激情，只是在现实生活中，很少有机会能表现出来，加之一般人都不愿将自己的感情当众流露，因此，人们总是通过交流或者参与某种活动，在一个大家都非常投入的氛围中，以满足这种感情流露的需要。

当你当众说话时，你的真情实感常会从内心流露出来，这是一种自然的流露，也是一种可以感染他人的流露。如果你能够调动自身的情绪，以情感人，那么，听者的注意力便会在你的掌控之下，你就掌握了开启听者心灵之门的钥匙。

我国晋朝著名的文艺理论家刘勰曾说过："人禀节情，应物斯感，感物吟志，莫非自然。"意思就是说，人都会或多或少地受到环境的感染。因此，饱含真情的激情演说，更能感染听众。

激情的演说源自演说者的真情实感，只有自己先具有丰富、真诚和炙热的情感，才能带动其他人也产生相同的情绪，在思想感情上产生共鸣，激发他们和自己相同的情绪，从而创造激情，达到理想的效果。

闻一多是中国现代伟大的爱国主义者，坚定的民主战士，也是位诗人和学者。1946年7月11日，他的挚友，著名爱国人士李公朴在昆明被国民党特务暗杀。15日，治丧委员会在云南大学开会，闻一多主持大会，而李夫人则向广大听众报告李公朴遇难的经过。李夫人由于过度悲痛，泣不成声，底下一千多的群众也潸然泪下。但是，一些特务分子却混进会场抽烟嬉笑，故意取闹。闻一多见特务如此猖狂，顿时义愤填膺，怒不可遏，就做了一段即兴演讲，痛斥反动派的暴行和特务的无耻。

"……杀死了人，又不敢承认，还要诬蔑人，说什么'桃色事件'，说

什么共产党杀共产党,无耻啊!无耻啊!……"他说得激情四溢,慷慨激昂,声情并茂,一气呵成。全场除了他激烈的言语在回荡,就是冲破屋顶的雷鸣般的掌声,这样的情形让那些特务分子根本没有任何机会再捣乱。

闻一多先生是怀着对挚友被害的无限悲伤和对反动派的无限愤慨,作的这次即兴演讲,这份真情感染了在场的所有人,令亲者受到极大的鼓舞,也给予了敌人迎头痛击。由此可见,激情的演说能产生如此巨大的影响力,唤起听众的热情回应,并震撼人心。

没有激情的演讲就像一碗水,没有灵魂,是空洞的。只有投入激情的演讲才能触及心灵,所以,要想让自己的语言打动人心,就让你的讲话充满激情吧!

6. 煽情不是错，用感染力"虏获"人心

很多人都说，为新东方挣得第一波美名的是俞敏洪本人，或者说是他教学中的煽情能力，从而使新东方平地起飞。煽情，是指通过某种方式营造浓烈的某种氛围，因为这种方法一旦没能带动别人的情绪，就会产生负面的效果。所以，现在许多人都将它当成是贬义词。

事实上，煽情只是一种说话的技巧，是语言表达的一种方式，说话者必须要打动他的情感，才能使人思想有所触动，即所谓"通情才能达理"。特别是对于一个演讲者来说，更是要用煽情来感染别人，要怀着强烈的、带爆发性的情感，才能讲好。激情上来了，往往思想和语言便"浩荡其沛然矣"。

2010年5月15日，俞敏洪在中国计量学院体育场，新东方2010"梦想之旅"的讲座中这样激励大学生：

"一棵杨树10年后会变成苍天大树，但绝不会成为一颗松树。但是，人的成长是一种对不可预知的未来的渴望，成长是一种情愿在成长道路上创造奇迹的精神。我们无法预测未来，我们唯一能做的就是在成长的道路上不断前进，克服一个又一个困难，不放弃，才会出现生命的奇迹。

"霍金，只有一根手指可以活动，医生曾预测他活不过20岁，但是他却活到了今天并成为世界最著名的科学家、未来学家。人生必定不是百米赛跑，人生是一辈子的马拉松，走出多少距离是我们自己来选择的。只要不放弃，就会拥有未来，就会创造生命的奇迹。

"这个社会不存在绝对的公平，我在北大读书的时候，只是一个农民

家庭的孩子，而我们的同学，有的是教授的孩子、干部的孩子，有的同学上下学车接车送，而我们连汽车轮子都买不起。那个时候，便会发现世界其实有很多不公平。所以永远不要去追求公平，获取社会资源的能力和获取未来的能力完全在自己。不要抱怨现实，永远不要用现在去判断未来，在生命的每一个季节都会开出鲜艳的花朵。"

俞敏洪的这一番讲话，声情并茂，寓情于理，赢得了在场数千名大学生的热烈掌声。善于说话的人，不能仅仅是卖弄华丽的语言，只有真情实感才能打动人心。真情实感是联系说话者和听众心灵的纽带。如果在说话时能将人的丰富情感真实地表达出来，那么听众一定会受到感染，产生共鸣，从而达到理想的艺术效果。

人的感情不能造假，演讲者真情实感萌发的全部过程都必须有感情的积极参加。人的感情是由客观事物，特别是社会生活中的各种事件引起的，用叙述方法把事件介绍出来，又把情感抒发出来，这种叙述因事而动情，寄事含情，不仅自己动情，而且听众动容，效果甚佳。

林肯以朴实而富有情感的话语击败了用语华美、口若悬河的对手道格拉斯，赢得了亿万选民的心，原来竭力反对他的那些州的选民，在听了他的竞选论辩后，也为其真情所感动，转而投了他的票。

而二战时，英国首相丘吉尔也同样运用煽情的话，说服了美国人参加反法西斯联盟。丘吉尔的演讲词是这样的：

"我远离祖国，远离我的家，在这里欢度这一年一度的佳节。但确切地说，我并不觉得寂寞和孤独。或许是因为我母亲的血缘关系，或许是因为在过去许多年的充满活力的生活中我在这里得到的友谊，或许是因为我们伟大的人民在事业中所表现出来的那种压倒一切其他的友谊的情感，在美国的中心和最高权力所在地，我根本不觉得自己是个外来者。我们的人民和你们讲着同样的语言，有着同样的宗教信仰，还在很大程度上追求着同样的理想。我所能感到的是一种和谐的和兄弟间亲密无间的气氛。

"此时此刻，在一片战争的混乱中，今晚，在郊外别墅里，在每一颗宽容无私的心灵中，我们得到了灵魂的平安。因此，我们至少可以在今天晚上把那些困扰我们的各种担心和危险搁置一边，并在这个充满风暴的世界里，为我们的孩子准备一个幸福的夜晚。那么，此时此刻，在今天这个夜晚，讲英语的世界中的每个家庭都应该是一个亮光普照的幸福与和平的小岛……"

丘吉尔从两国人民间共同的语言、共同的宗教信仰、共同的理想及长期的友谊入手，将这些共同点作为彼此相信、相互了解的基础提出来，用讲英语的家庭都应过一个和平安详的圣诞节这样的话语，打动了美国人的心，使他们由反战转入参战。

由此可见，要想办成什么事，煽情的语言是非常重要的。可以说，很多时候只有用煽情的语言，才能感动对方。

当然，我们情感抒发也并不是毫无限制的，感情应当受理智支配，说话或者是演讲时，要时刻把握感情的阀门，注意控制感情的流量。有的人不懂得控制自己的感情，一到伤心处就涕泪交流，泣不成声；一到愤慨时就语不成句；一到高兴时又笑得前躬后仰，手舞足蹈。结果，听众只知你喜怒无常，根本听不清、弄不懂你在哭什么、气什么、笑什么。这样，又怎么能与听众产生感情上的共鸣呢？

苏联领导人赫鲁晓夫曾在联合国大会上作过一次演说，感情充沛，内容丰富，本来收到了很好的效果。可是，他在激动之中忘乎所以，竟脱下一只鞋拿在手里，在讲台上使劲代替手掌拍打，一时全场哗然。

赫鲁晓夫的例子留给人们深刻的教训。它启示人们，说话时必须善于控制感情。真情流露并不等于放肆，坦诚也必须有度。如果不加节制，感情表现为"过分状态"，别人就必然将它与虚伪轻浮联系起来。

7. 慷慨激昂，说话有气势

孙中山先生曾说："演讲如作文然，以气为主，气贯则言之长短、声之高下皆宜。说到激动处，掷地作金石声。"这也就是说，演讲应具有气势之美。没有气势的演讲，将会淡然无味。如果你说话软绵绵的，声音如蚊子哼哼，那么别人又怎么能够信服呢？很多时候，一句话有没有说服力，并不在于它本身怎么样，而是看你是否说得有气势。

俞敏洪每次演讲的时候总是激情豪迈、气势十足的。比如在无锡演讲的时候，他声情并茂地讲了很多小故事，来激励台下的大学生。如："一个出身富足家庭的13岁小男孩通过割草挣钱，最终走遍非洲大地。""脱离了母亲的保护，小豹子如何自己学会捕猎最终成为一只身形矫健的捕猎高手。""一个被美国领事馆拒签17次的男孩，是如何在第18次通过了签证，最终获得了美国绿卡。"

他从自己上学的时候如何学习英语、如何学习数学，最终如何考到很高的分数讲到什么是"天才"，以及如何做一个"地才"，使台下的听众听得如痴如醉，时时爆发出一阵阵雷鸣般的掌声。

他还用了许多的反问句来增加情感，如："你是愿意做小草还是愿意做攀援在岩石上的古松？""你要做一匹会冲刺的马还是一匹一直向前不知疲倦的骆驼？"

他用一个个生动的事例，一句句富有哲理的寓言和比喻，引申出成长过程中需要思索的道理："独立精神之于成长的意义"，"眼界要看得广看得远，练就豁达的心胸"，"不要怕失败，对任何失败都要有心理准备"，

"学会放弃，因为这个世界上不是所有美好的事物都属于你。"在这个过程当中，他还不断地使用肢体语言来增强演说的激情。

无疑，演讲的气势，对于一场成功的演讲来说是非常重要的，因为很多时候，每个人看问题角度不同，观点就不同，而你所要考虑的不是别人会怎样看你和你的观点，而是清楚地表达你的观点，并且认为它就是对的，然后大声且有气势地说出来。即使他人开始也许有不同的观点，但他可能会被你的气势所压制，并且受到影响，认为你说的就是对的。

那么，我们怎么才能让自己的演说变得有气势呢？主要可以分为两个方面，外在与内在。

首先是内在方面。古人云：话须通达方传远，语必关风始动人。演讲气势就是演讲内容和表达形式相结合而显露出来的一种气度和神韵。它使演讲体现出震人耳目的浩荡气势和磁性力量，以此去打动听众，震撼听众的心灵，使其对演讲所阐述的道理，认识上坚信不移，行动上坚持不懈。所以说一场演讲要有气势，起码要把握以下两点：

第一，理足而气壮。中国有句成语叫做"理直气壮"，它说出了演讲理直气就壮、理不直气难壮的深刻道理。所以，演说界一直都有一个说法，就是"讲自己相信的"。如果一个演说家，自己讲的东西，自己都不相信，那么又怎么能够说服别人呢？

第二，情真而意切。情感是演讲的灵魂，也是演讲气势动力的源泉。没有演讲者的真挚情感的流动、跳跃和燃烧，演讲气势就无从谈起。演讲者只有用自己的生命激情去呼喊、去敲击，才能叩开听众的心扉，产生征服人心、震撼灵魂的演讲效应。

著名演说家李燕杰的演讲之所以生动感人，气势非凡，具有磁石般的吸引力，就是因为他无论讲爱国之志，还是民族之魂，或讲正气之歌，吐露的都是自己的真情实感。以情动人，给听众以强大理性情感的冲击，使其心灵受到震颤，就能使台上台下形成"情通理达"、交融和谐的演讲气势效应。

外在方面，主要就是讲语言的技巧，也可以分为两种：

第一，善用修辞。一篇优秀的演讲，不仅要融入深刻独特的思想，而且还要以具有美感的语言反映这种思想。因此，有时为了达到理想的演讲效果，巧妙地运用排比这一修辞手法，就成了演讲者最佳的选择。例如美国独立战争时期杰出的政治家帕特里克·亨利在1775年3月23日弗吉尼亚州第2届议会上的演讲《不自由，毋宁死》中有这样一段：

"但是，我们什么时候能变得更加强大呢？下周？还是明年？难道非要等到我们被彻底解除武装，家家户户都被英军占领的时候吗？难道优柔寡断、毫无作为能为我们积聚力量吗？难道我们能高枕而卧，要等到束手就擒之时才能找到退敌的良策吗？"

帕特里克·亨利属于主战派，反对向英军妥协和解，主张武装独立。以上三个反问分句组成的排比句式，力量雄厚，如泉奔涌，是向议长先生以及其他主张和解的议员的有力反问，层层逼近，咄咄逼人，雄辩地捍卫了自己的主张，为后面提出"那就让战争来吧"的呐喊作了完美铺垫。

第二，善于使用肢体语言。肢体语言的使用简便快捷、灵活自由。只要人们张口说话，都会有意或无意地运用肢体语言来传情达意，交流信息。在人类的交谈活动中，没有只运用自然有声语言而不运用肢体语言的。

手势是使用频率最高的肢体语言形式。由于双手活动幅度较大，活动最方便、最灵巧，形态变化也最多，因而手势的表现力、吸引力和感染力也最强，最能表达出丰富多彩的思想感情。寓意深刻、优美得体的手势，能产生极大的魅力，激发听众的热情，加深听众对演讲内容的理解，使演讲获得成功。

8. 激情需要内心的支撑

俞敏洪说:"每个人做事情,都在寻找内心的支撑,寻找一种内心的信念。即使是贩毒的,他也认为自己是有信念的。"信念和激情这两个词是连在一起的,激情是信念的一种外在表现,如果内心没有信念的话,外在的言行不可能产生激情,所以激情是源于对自己内心的一种认可。

俞敏洪在企业家精神论坛上的《信念与激情》演讲中这样说道:

"每次我听爱国者的冯军演讲的时候,他那带有民族色彩的言论,我听了都非常感动的,因为他的每一句话,都是希望自己强大起来、希望自己的祖国强大起来、希望他的爱国者能够变成世界品牌。所以源于激情讲出来的话,一定是让人感动的,如果对自己做的事情都没信心的话,是不可能有激情的。在座的企业家不管是为企业还是为自己做事,首先要问你自己做的事情是对的吗?你相信你做的事情是对社会有好处的吗?你相信你做的事情没有给未来带来灾难吗?……

"我始终相信生活不会有绝境。不管有多少困难、挫折、失败,我都鼓励我的学生、我的员工和我自己,继续奋勇向前。我始终相信,中国诗人食指所说的一句话,叫做'相信未来,热爱生命',永远相信你的未来、相信你的未来会比现在更好,相信你的生命不管处于多么灰暗的状态,只要你还活着,未来就能闪现出光辉。'当蜘蛛网查封了你的炉台,当灰烬的余烟叹息着贫困的悲哀,我依然固执地铺平失望的灰烬,在美丽的雪花上写下:相信未来',就是遇到无论什么样的状态,相信你自己。"

信念是激情的重要激励因素,也是它的核心和实质。没有信念,就没

有真正意义上的激情,激情的巨大能量也就无从展现。

比如说,当你认定一个目标、一项研究、一种追求或一项事业时,你的激情就会完全被激发出来。你的精神之力和外在力量就会越来越集中,越来越强大。在这个时候,你的头脑高速运转。而且,你会感到无与伦比地轻松、高效,你的精神力量会成倍增长。在现实生活中,许多人之所以取得了极大的成功,就是因为他们对工作充满信念。

同样,公众演说家、政治家具有信念,所以他们的才智和感情会迅速集中起来。他藉此把事情完成得更好,通过"精神感染"和听众达到了沟通。

奥巴马就是一个善于用激情来感染听众的人。他在《美国面临三大挑战》的演说中这样说道:

"前方的道路很漫长,我们将步履维艰。我们也许无法在一年内,甚至是一个任期内,达成我们的目标。但是,今晚,我比任何时候都对此更有信心。我承诺,我们所有人将作为一个整体顺利地到达目的地。

"我们将不可避免地遭遇许多挫折,也许开头并不会一帆风顺。我们需要弄明白一点,那就是政府无法解决所有的问题。也许有很多人不会同意我上台执政后制定的政策。不过,我将坦诚地接受各方的批评,直面我们的挑战。我将倾听你们的意见,尤其是不同的政见。总之,我邀请各位一同投入到国家的建设中来,用我们勤劳的双手堆砌建设这个国家所需的砖瓦。正是这一方式,使美国在221年的建国道路上不断前行。"

奥巴马之所以能够在民众面前慷慨激昂,就是因为他有着坚定的信念,内心的信念支撑着外在的激情,他的演说在一定意义上也正是他的施政纲领和价值观的直接表达。人们对自己所从事的事业的信念越强,他所展现出的能量和能力就会越强,信念激发并维持着激情,如果缺乏信念,激情就成了无源之水、无本之木。

奥巴马非常看重信念的力量,在第一次竞选获胜感言中,他提出:"我们国家真正的力量并非来自我们武器的威力或者财富的规模,而是来自我们理想的持久力量——民主、自由、机会和不屈的希望。"

他在第二次胜选演说中则强调："真正让美国与众不同的，是将这个地球上最多元化的国家的人民团结到一起的那些纽带，是我们共命运的信念，是只有当我们肩负某些对彼此以及对后代的责任美国才能走下去的信念，是无数的美国人前赴后继为之奋斗的自由。"

人的行为受信念支配，你想要做出什么样的成绩，关键在于你的信念。若一个人在心里老是不停地埋怨自己"我不行"，很难想象，他会在今后的人生中做出怎样的成绩；相反，若一个人在心底深处总是不停地鼓励自己"我能行"，那他在人生中获得成功的机会就越大。人只有相信自己，才能成功。

信念的力量有多大？这是一个无以估量的结果。人生是船，信念是桨；人生是树，信念是根。没有船桨的划动，船就会停滞不前；没有根系的支持，树就无法高耸云霄。在生命的旅途中，我们常常会遭遇各种挫折和失败，会身陷某些意料之外的困境。这时，不要轻易地说自己什么都没了。其实只要心头不熄灭一个坚定的信念，就没有穿不过的风雨、涉不过的险途。

第三章　激情——点燃听者内心的火焰

第四章

亲和——言辞朴实绝不做作虚夸

1. 尽量选择朴素的语言

在当今社会，许多人在与人交流的时候，往往只追求语言的技巧华丽和是否圆滑，八面玲珑，而不管是否真诚。诚然，在人际交往中，能够做到八面玲珑的话，的确不会得罪人，但是要是想真正感动别人，引起别人的共鸣的话，还是需要付出真诚，很多时候，最朴实的话，往往才最能打动人。

正如曾经打败过拿破仑的库图佐夫说过的一句话："您问我靠什么魅力凝聚着社交界如云的朋友，我的回答是'朴实和真诚'。"人际沟通中，朴实无华、直而不曲的语言似乎总能被大众所接纳。

2008年12月6日，俞敏洪应邀来到青岛理工大学礼堂，为岛城近三千名中小学生家长作了一场关于家庭教育的大型演讲。他的质朴而又感人的开场白立刻引起现场听众的极大兴趣。

俞敏洪说："以农为生的母亲是我永远的榜样。她善良、真诚、宽容、大度、勤劳、朴实，乐于助人，许多品质给我的熏陶使我受益终生。她不顾自家口粮，在暴雨到来之前率全家抢救邻居家晒在场里的稻谷；她将仅有的20余斤粮食分给邻里一半……我从小从母亲身上悟出，长大要做个好人。"

面对中小学生家长，俞敏洪想到了自己一直引以为榜样的母亲，高度总结了母亲"善良、真诚、朴实"等诸多品质，坦诚讲述了母亲"率全家抢救邻居稻谷"和"分粮给邻里"的两个真情故事，不仅很好地反映了母亲"先人后己""乐于助人"的美德，而且有力说明了"父母是孩子的第

"一任老师"的道理。俞敏洪这样以"母亲的故事"开场，不仅切合听众对象——众多学生家长，而且故事本身非常朴实动人，因而引人入胜。

事实上，语言的魅力往往来自于说话人内心是否朴实与真诚，越是朴实无华的语言，通常最能打动人心。即便只是短短的几句话，都能够引起听众的强烈共鸣。

有谚语说："真诚贵于珠宝，信实乃人民之珍。"只有真情实感的话语，说出的一字一句才会犹如滋润万物的甘露，点点滴滴入听者的心田。

朴实的语言往往给人留下仁厚的印象，让人觉得值得信赖，于是听者往往会对说者产生强烈的好感。所以说，要想真正地打动他人，未必一定要用华丽的词藻去赞美。朴实的语言更能让人信服，听者更易认真思考和接受。

古书曾有一记载，说的是唐代诗人白居易写好诗后，常常读给邻居不识字的老太太听，若有不懂处则修改，直到她点头为止。正因如此，白居易的诗朴实通俗，流传极广，曾被人盛赞为"说尽世间俗语"。

崔永元作为央视名嘴，他的一大特色就是"亲和"。在一次《小崔会客》节目中，崔永元采访时任全国政协副主席的周铁农，两个人一开始的对话如下：

崔永元：听说我要采访您，我所有的朋友都为我捏了一把汗。

周铁农：听说要接受你的采访，我所有的朋友也都为我捏了一把汗。

崔永元：您这样说好，您这样说我就特别放心了，首先咱们消除了彼此间的神秘，可能谈话就好进行了。

周铁农：我们经常看你去采访别的人，但是你很少看我接受别人的采访，所以要说神秘的话，我对你来说还稍微神秘一点，你对我来说已经不神秘了。

崔永元：现在我特别放松，我就想跟您聊家常，我就想问问您那个名字是谁起的？

周铁农：名字肯定是老人起的，或者是父亲，或者是母亲，但是我这

个名字起得稍微有点特殊，是我外祖父给起的。

崔永元：有什么含义吗？

周铁农：含义嘛，当时我生在1938年，那个时候中国的传统思想就是重农轻商，就是以农为本，所以他可能是希望我将来能够和农业有点关系吧，做个农民。

崔永元：觉得这是最踏实的职业，是吧？

周铁农：那个时候如果家里头没有点田，在农村没有个根的话，不管干什么都是觉得没有根基的。

崔永元以聊家常式的开头，成功化解了彼此之间的紧张和陌生感，而且实在看不出是对一位高官的采访，倒像是两个朋友之间的熟络交谈。

中国移动有一句经典的广告词，叫做"沟通从心开始"。它之所以成为经典，是因为它抓住了重点："心"，因为世上的人都渴望心与心的交流，渴望与人坦诚相待。朋友相交，贵乎交心，也就是说，对待朋友要有一颗诚心。在人际交往中，如果你以一颗真诚的心去对待身边的人，对待需要帮助的人，那么换来的将是无数的真诚和友爱。

在交际场合，说得最多的、辞藻最华丽的人，并不一定是最受欢迎的人；语句最顺畅、最激情澎湃的演讲也并不一定就是成功的演讲。如果谈话缺少真诚，言之无物，那么说得再精彩也会失去吸引力。

美国总统大选时，有些候选者在电视上虚情假意地说，要和他们的支持者们沟通，但他们却往往浪费了这些大好的沟通机会，他们絮絮叨叨地谈论一些没有实质、让人没有耐心听的东西。他们擅长把一些简单的事情说得复杂，让人越听越糊涂，这是因为他们的演讲不是发自内心的，缺少真诚。

真正打动人心的讲话并不在于说得多么动听，而在于是否善于表达真诚。一个成功的销售者并不一定是个口若悬河的人，但却一定是一个善于表达真诚的人。很多时候，朴实方显真诚，朴实才真正能够打动人。

2. 表达自己内心真实的想法

俞敏洪说:"做生意不一定要做很大,做到自己满足即可。我现在最后悔的是什么,就是把新东方做得这么大。"这句话看似让人惊讶,但却也是俞敏洪的肺腑之言。俞敏洪一直觉得,当初自己可以把新东方做成年收入一两百万元的精品机构,把精华人物都集中到那里,有限制地发展,小范围内也能实现理想,无论转型还是放弃,也比较容易。而现在则是"给自己做了一个笼子,无法往外钻,否则笼子一收紧,我就被吊死。"

《南方都市报》上曾有一篇关于俞敏洪的采访报道:

记者:有媒体报道说你后悔让新东方上市?为什么呢?

俞敏洪:新东方上市,就我个人而言我是不想上市的。但是,这又不是以我个人意志为转移的。当时面临着外部竞争的问题和内部利益分配的问题,全世界的资金都在找中国的投资项目,而很多基金已经开始找到了教育领域。如果真有一家外语培训机构比新东方早上市了,那么从竞争和资金上来说,新东方将面临一个很强大的对手。

创办新东方的时候肯定是想做大,但做到一定程度我个人觉得够了,平时留点时间去旅游、写书、骑马挺好。但是,当自己觉得做得差不多时,周围的合作者会说不够好,他们希望你继续做。而且,利益纠纷增加了,结果渐渐发觉自己主动做的感觉在慢慢消失了。

记者:你觉得自己被别人推着走吗?

俞敏洪:从本质上说,上市是一直被推着走的。外部竞争和内在矛盾都是推手,内部的力量更大些。就我个人而言,上市不是我个人最佳的选

择,但上市可能是新东方和新东方人的最佳选择。以前我在利益和人情中间搞平衡,搞得筋疲力尽、狼狈不堪。现在他们也不需要来找我"打架"了。

俞敏洪毫不顾忌地将自己内心的想法如实地表达了出来,足以让人感觉到他言语中的真诚。这个世界上最难的便是说真话,但最能让人感受到真诚的也是说真话。说真话,道事实,有时候可能会因此而得罪他人,招来不必要的麻烦,但是如若就此便将真话弃之如敝,那么你在他人心中建立起的信任度便会立马大打折扣了。

这就像是本杰明·富兰克林说过:"一个人种下什么,就会收获什么。"如果我们对别人说真话,那么对方就会给我们以信任;但如果我们言不由衷,对他们说假话,那么我们能够收获到的也只有对方的虚情假意。

说真话,真实地表达自己的内心想法,这是与对方建立起彼此信赖关系的基础,也能为我们赢来人生更多机遇与发展契机。

2010年,在《新周刊》举办的"中国电视榜"评选活动中,白岩松和他的《新闻1+1》成为最大赢家,并且将"年度电视节目奖"、"最佳时评节目"、"最佳时评节目主持人"都收入囊中。可是在颁奖的时候,这位"真话先生"又说出了一番得罪人的话。

他说:"中国电视的发展取决于现在的既得利益者。当他作为改革者推动的时候,一腔热血。而当一转身他成了既得利益者的时候,他有权了有名了有钱了,便开始保护自己的利益了。我就非常看不惯有的昨天还是一个改革者,今天一转身就在阻拦着改革。"

白岩松认为,国内做时事评论的电视栏目太少了。为什么太少?太难了!两年来,在中国的电视荧屏上,几乎真正的尖锐一点的时事评论,依然只有《新闻1+1》。他不喜欢这种局面,他甚至希望明年能不获奖,《新闻1+1》被其他栏目"干掉"。他对记者真诚地说道:"我从来没有像这两年这么孤独过。"正是白岩松这股敢于说真话的感情流露,因此获得了众多电视观众的认可和好评。

孟子云:"欲见贤人而不以其道,犹欲其入而闭之门也。夫义,路也;礼,门也。"想见贤人而不按合适的方式,那就像要人进来却又把他关在门外。孟子的这句话就是说为人要真诚待人,假如你以诚待人,别人也会以诚待你。

在如今浮躁的社会中,我们当中太多人都渴望真心真意,甚至真心已经成为了当今人人心中最为宝贵的财富。无数事实证明,真正打动人心的讲话并不在于说得多么流畅,多么滔滔不绝,而在于是否善于表达真诚,关键就在这个"真"上。

3. 沟通从微笑开始

俞敏洪说:"使这个世界灿烂的不是阳光,而是女生的微笑。"微笑是全人类的共同语言,它好像拥有一种魔力,能够感染给身边的人,使得我们在说话办事的过程中,与他人之间关系更加融洽。

俞敏洪在《用微笑面对世界》的演讲中这样说道:

"我始终认为这个世界有一点很重要,只要你敢于微笑对待这个世界,这个世界就会因为你的光辉而灿烂。这个不仅适合女孩子也适合在座的所有的人,男人也要微笑面对世界。有人说如果男人微笑面对世界,不就把自己的刚强显示出来了吗?

"刚强是放在内心的,持之以恒的追求也是放在内心的,所以外表的柔和并不能抹煞你的刚强和你持之以恒的决心,你外表的柔和或者微笑和善良将会给你带来更多的机会,让人感觉到你这个人更加容易接受,让人感觉到你这个人更加平易近人,这样使别人更加愿意和你合作。"

俞敏洪告诉大家要经常对别人微笑,即使遭遇到挫折也要微笑着挺过去,这样在生活中你对他人微笑,人家就认为你是一个很容易相处的人,不会故意挤兑你,也会放开心胸来容纳你。

自我保护意识是人与生俱来的天性,尤其在陌生的环境里,人人都习惯板起一张面孔,保护着原本虚弱的尊严,以免受来自外界的侵犯和伤害。结果,陌生的环境照例还是陌生的,你所担心的那种"危险"仍然潜伏在你的周围。

如果我们能放下那种冷冷的傲慢和所谓的尊严，不再紧绷着面孔，学会在陌生的环境里微笑，保持一种放松和坦然的心理，相信即使只是一个擦肩而过的人生过客，也会因为你的微笑而感到温暖。

一个微笑能传递给别人许多信息。它不仅表明了"我喜欢你——我是作为朋友来的"，而且也预示着"我想你也一定会喜欢我"。

波拿劳·欧维尔斯利特在她的著作《理解我们自己和别人的恐惧》中指出："我们对其微笑的人，也反过来朝我们微笑。在一种意义上，他是朝我们微笑；在更深的意义上，他的笑还可能蕴含着如下的意思：我们使他能够感受突然而至的快乐。我们的微笑使他感到他值得报以微笑，于是他也笑了。可以说我们从人群中把他分离出来了。我们对他区别对待，同时给了他一个单独的地位。"

在拿破仑·希尔的培训班中，有一位名叫亚历山大的人，他是一位股票经纪人，他从事这个行业已经有十多年了。因工作压力他的性格日益孤僻，十多年来，他很少微笑，他在面对陌生人的时候更是一副严肃面孔，不苟言笑。这让他失去了很多生意上的机会，也失去了结识更多朋友的机会，他甚至被别人戏称为"百老汇最闷闷不乐的人"。

当他得知微笑的作用后，他决定尝试一下。第二天早上，他在漱洗的时候，看着镜中的他满面愁容，对自己说，你要微笑起来。当他带着微笑去和最近一个令他颇为头疼的客户谈生意时，他意外地感觉到了这次谈判异常顺利。

后来那位客户成了他的朋友。有一次，亚历山大问起了这件事，那人说，自从和亚历山大接触以来，没有看到过他一次的笑容，这让客户有了抵触情绪。而那次亚历山大竟然带着微笑和他交谈，使他激动不已。他说亚历山大在微笑的时候，充满了慈祥。

这让亚历山大对微笑的力量惊奇不已，从那以后，他在和别人、尤其是和陌生人打交道的时候，都面带微笑。他因此获益不少，他有了更多的

朋友,他的人生观也跟着积极起来。

许多人不能经常微笑的一个简单原因,是我们养成了总是压抑自己的真实感情的习惯。国人含蓄的传统文化使我们觉得,让自己的感情泄露无疑是极不光彩的事。我们试图使我们不要感情冲动或者把它流露在脸上。

然而,在现实的工作、生活中,你更喜欢和一个对你满面冰霜、横眉冷对的人,还是另一个对你面带笑容、温暖如春的人相处?当然是后者。如果一个商人用微笑去迎接顾客,而别的商人用冷漠的样子去迎接顾客,然后再回来看看收获,就可以清楚微笑有多大的价值。

毫无疑问,微笑带来了许多方便和更多的收入。你可以发现以前同别人相处很难,现在则完全相反,你学会了赞美、赏识他人,努力使自己用别人的观点看事物。从此你就会快乐、富有,拥有友谊与幸福。

美国金融巨头查尔斯·斯瓦博说:"微笑是没有国界的语言,我的笑容价值百万美元。"是的,没有什么比你脸上的微笑更重要,更有价值了。所以,成功者都知道,保持微笑,不仅是自信的表现,还是让自己更受欢迎的法宝。

戴尔·卡耐基说:"一个人脸上的表情比他身上穿的更重要。"微笑是一种令人愉快的表情,它在人际交往中起着很重要的作用。微笑可以在瞬间缩短人与人之间的心理距离。生活里,没有什么东西能比一个灿烂的微笑更能提升你的个人魅力,更能打动人心的了。

微笑,它不花费什么,但却创造了许多奇迹。它丰富了那些接受它的人,而又不使给予的人损失什么。它产生于一刹那间,却给人留下永久的记忆。它创造人际关系的和谐和快乐,建立人与人之间的好感,它是疲倦者的休息室,沮丧者的兴奋剂,悲哀者的阳光。所以,假如你要获得别人的欢迎,请给人以真心的微笑。

4. 以老友的口吻娓娓交谈

说话是一个互动的过程,听者虽然处于客体地位,但绝不是被动的"接收器",而是积极的参与者。因此,会说话的人在交谈中常常会运用自己的语言、语气、神态,甚至是动作来主动地缩短自己与对方之间的距离,让对方觉得你就像是他的老朋友一样,从而为交谈营造和谐氛围。俞敏洪正是这当中的高手。

俞敏洪在浙江大学演讲时,开场是这样说的:

"谢谢各位朋友,大家早上好!我是喜欢站起来走来走去演讲的,但是我发现我站不起来,因为前面的摄像头对着我要把整个的过程录下来,如果我站起来走来走去他就会感到很累。(笑、鼓掌)

"所以总会有意想不到的事情发生,如果这个是他们给我的规矩的话,我就坐着。如果大家一致赞成我站起来,民主的力量,可以把规矩推翻,那我就站起来,谢谢!我站起来并且尽量守规矩,谢谢!

"感谢大家今天到这里来,我是非常高兴来到这里,今天这里年龄层次非常特别,有白发苍苍的受人尊敬的老者,也有非常年轻的小孩,所以我这个讲话的主题也会多变。我接下来就是和大家随便聊聊天,其实五句话是讲不完的,我就随着自己的思绪讲就可以了。

"今天来到这里的很多人,特别是大学生来都是看看我长得是什么样的。我长得是比较难看的,但是和中国大部分的名人和企业家相比我对自己还是有自信的,我发现长得漂亮的人不多,长得英俊的人也不多。"

名人与普通人之间总是有隔阂的,在普通人眼中,名人多少都有点高

高在上的感觉，所以俞敏洪一开口就善意地调侃了一下摄像师，然而又说自己尊重大家的"民主"，最后还拿自己的相貌自嘲。这一番话下来，俞敏洪在大家眼里就变得生动了，不再是高高在上，而变成了一个可以调侃、可以开玩笑的老朋友。从而使得演讲的气氛变得热烈。

以朋友的口吻说话，这的确是一个拉近彼此之间距离的好方式，具体的做法包括以下几个方面：

首先，从称呼上拉近距离。比如说，对于陌生人、长者，或者是领导，我们可以称呼为"某某先生"，这是对他们的一种尊重。但是如果对我们的朋友，或是一个已经比较熟悉的人这样称呼，就会让人觉得这是一种疏远。

谈话时对对方的称呼，这貌似小问题，实际上不可小觑。一个恰当、得体的称呼，是对听众身份、价值的认同，能在谈话开始就营造出一种和谐的氛围，使我们能够顺利打开局面，有利于后面的进展；而一个不得体的称呼，会令人觉得别扭、难堪和讨厌，导致谈话气氛不协调，甚至陷入僵局。所以，在开口前，我们一定要给对方一个合理的称呼，这是我们与对方沟通的第一桥梁，对每个人来说，是极为重要的。

日本曾经有家媒体做过一个调查，发现许多女性之所以找不到对象，很大的一个原因就是这些女性都太有礼貌了，她们总是一味使用敬语和对方交流，结果使彼此之间产生无法跨越的疏离感。事实上，她们应当在慢慢交谈熟悉中改变说话方式，用更像朋友的口吻交谈才能拉近彼此距离。

其次，从情感上拉近距离。说话者应当以朋友的口吻，从情感上拉近距离，引发对方共鸣。众所周知，说话讲究以情动人。只有与对方实现了心与心的交流、情与情的融汇，才能取得不同一般的效果。

美国总统奥巴马在题为《大无畏的希望》的演讲中这样说道："我记得在匹兹堡遇到的梯姆·韦勒夫妇，他们正在想办法为自己年幼的儿子寻找供移植的肝脏；我还记得伊利诺伊州西北部东木连市的谢默斯·阿赫，一个正准备去伊拉克实现报效国家的美国青年，以及他父亲脸上洋溢着的对儿子的自豪感；我还记得在圣路易斯碰到的一个黑人女孩，她说她正在努力考大学，尽管她们家祖祖辈辈连一个中学毕业的人都没有。

"感动我的不仅仅是他们的奋斗精神，更在于他们在艰难时刻所表现出来的大无畏的决心、乐观主义精神和自强不息的意志。这种精神使我想起我曾听到的一次牧师布道时说的一句话：大无畏的希望，这就是美国精神的最好表现。"

奥巴马的这段演讲朴实但却感人，同时也饱含深意。《华盛顿邮报》称赞奥巴马具有高度娴熟的修辞技巧，可以举重若轻地将口若悬河的雄辩与严谨朴实的政策理念交融在一起。他以老友的口吻和听众们娓娓交谈，一切都从简单的常识入手来阐述他的政治思想。

此外，除了言语上的称呼和情感之外，许多人也习惯于用行动的方式来拉近距离，为什么许多演讲者都喜欢走到人群中去演讲，就是为了让听众感觉到他就在身边，他就像朋友一样，他们之间没有距离。而高明的领导者在和员工谈话的时候，他们不会高高在上地坐在老板椅上俯视员工，而是会将他们引到沙发上，两个人面对面，以朋友的口吻平等地交流。

5. 平实的语言更具人情味

最朴实的东西才最具有生命力，语言的魅力在于它是人与人之间交流思想的工具，能让两个不同的个体之间达到交流的目的，而不是华丽的辞藻和复杂的音韵。说话要有魅力，要具说服力，就必须使用最平实的语言。因为，大部分的人都不喜欢华丽或夸饰的辞藻，实事求是、简洁明了地叙说事实，剖析事理，反而能得到人家的肯定。

俞敏洪在《不要以你的现状来判断你的未来》的演讲中说道：

"我10年前就碰到一个特别令人感动的故事，有一个大学生来找我，因为非常贫困，但想出国，想上新东方的班。但是他没钱，所以跟我说他很想上新东方的课，但没钱，能不能暑假在新东方兼职做教室管理员，并且安排他到班，查完学生的听课证、扫完地后就在后面听课。我说当然可以。

"没想到这个学生又提了个要求，如果两个月的兼职真的做得很好的话，能否给他500元工资让他买个录音机。我说没有问题。结果那孩子做了两个月，所有接触过他的人都说这孩子刻苦认真。所以到了两个月后，我给他一千块钱的工资让他买录音机。他买好后，边听着录音机边流着泪。我知道他被自己的行为感动了，以后肯定有大出息。果不其然，几年后他被耶鲁大学以全额奖学金录取了，现在还在美国工作，年薪13万5千美元。"

俞敏洪的这段演讲在文字上平实无华，没有什么出奇的，但是却非常感人。由此可见，"平实"并不意味着贫乏、单调、呆板，事实上恰恰相反，以"平实"为基准的语言，反而更能够凸显言语的真挚，从而增强语言表达的效果。

平实的概念是更接近生活，更接近你的听众，也能容易感动他人、说服他人。老子说："信言不美，美言不信。"华而不实的用语，过多地使用形容词、描绘性词语，大量地堆砌辞藻，过度地夸饰等等，轻者让人有卖弄、浮夸的感觉，重则让人感到虚假、不真诚。

说话其实就像是写文章，"平凡的琐事，沉浸真情，最平实的，就是最感人的。"朱自清先生的《女儿》称得上是写亲情的经典之作。作为一位五个孩子的父亲，作者满怀真挚、深厚的父爱记下儿女们的种种趣事，在平平静静的叙述中，作者抓住了平日里发生在孩子们之间的琐碎之事，素朴无华的笔下浸透更多的是父母之爱、兄弟姐妹的情深。从而营造了一种普通家庭的和谐、温馨之美，显得那么自然、那么亲切、那么感人。

平实质朴的语言不追求词藻的华丽，但它显然不同于平庸和淡而无味。它不做作，不雕饰，不尚辞藻，但却于平淡中往往蕴含着深意。几句平实的语言，就把自己的观点鲜明地表达出来，让人感到很真实。只有把握平实的语言，才更具有感染力、亲和力。

其实，语言的魅力往往来自于说话人内心是否朴实与真诚，越是平实的语言，通常就越显得有人情味儿。即便只是短短的几句话，都能够引起听众的强烈共鸣。

平实质朴的语言，平常却极富有情味，给人一种"采菊东篱下，悠然见南山"的自然亲切之美感，它是真挚心灵的表达，是美好情感的展现。

正所谓"话如其人，言为心声"，平时为人处世质朴真诚，说话也就自然不会扭捏做作。语言的朴素美贵在保持个性，该怎么表达就怎么表达，或严肃，或幽默，或直率，或调侃，或委婉，只要是发自内心，保持本色。

一位著名主持人曾说过："我是不主张煽情的，不要为感动而感动，要真实而真诚。这种情绪应当适当，不要太肉麻地反映出来，不要挤眼

泪，也不要感动自己。对我来说实实在在传达自己的感觉，语言到位就成了。"

因此，不妨学着用平实的语言方式去与对方交流吧，它能够让你更容易实现人际关系的良性互动，成为你打开对方心门的利器。

6. 说话要考虑别人的感受

俞敏洪说："只有身受束缚才能跳出最美的'舞蹈'，这是我在雪地上滑单板时的感悟。"说话其实也是一样，一定要有所顾忌，要在意别人的感受。现实中有许多"大嘴巴"，从来不知道什么话该说，什么话不该说，而是完全由着自己的性子，只图嘴上的痛快，把该说的不该说的都说出来，结果一张嘴到处得罪人。

《俞敏洪管理日志》的作者张翼曾采访俞敏洪：

张翼：新东方的经营团队、业务团队，如何达成"自由精神"与"职业精神"的谐调？这样的问题，在你看来是否是新东方最为棘手的管理问题？

俞敏洪："自由精神"与"职业精神"的契合，确实是我思考比较多的文化和管理问题。做事的时候，我会尽量多地在站在对方的角度去考虑问题，继而向着尽量符合对方期望的方向去作出决定。新东方的日常管理上，我几乎从来不用强制性、指令性的词汇，比如"你必须这样"、"你照这样去做"。

我经常在公开场合说自己性格比较柔弱，新东方的员工大多都知道。我在处理公司内部事务时权衡得比较多，让步得比较多。但所谓的柔弱并不意味着我没有原则，缺乏决断力、判断力。有时候也会因为过多考虑情感因素、现实境况影响了做事的策略，但做事的原则我是坚定不移的。

做人做事要有原则，但是在不违背原则的基础上，就要尽量考虑一下别人的感受，就像俞敏洪一样，尽量多地在站在对方的角度去考虑问题，

多考虑情感因素，不对别人用强制性、指令性的词汇。

要知道，以严厉的口吻去命令别人必须去做什么什么，这必然会冒犯到别人的尊严，引起别人反感，即使对方服从，也只是短暂的口服心不服。

说话是重要的交际手段，良好的沟通能够促进人际关系的发展，但是如果我们口无遮拦，一次次用言语伤害对方，那么它就会成为导致人际关系恶化的罪魁祸首。所以，我们一定要把好关，话在出口之前，一定要先在脑子里过一遍，站在对方的角度想一想，这样的话听在对方的耳朵里，会是什么样的一种感受。如果会让对方感到不舒服，那就把话咽回肚子里。

性格直爽虽然说在某种意义上是一种很好的特质，也会让我们觉得很痛快。但是在实际生活中，却往往容易因为太过直爽而伤害他人，最终会使周围的人都不敢与你过于亲近。当我们一而再、再而三地用不当的言语去触犯旁人的时候，其实祸根已然种下。

所以，无论你是什么样性格的人，与别人说话的时候都要注意，不能为了逞口舌之快，而不顾他人的感受。

美国前总统富兰克林年轻时人很骄纵，无论跟谁他都显出咄咄逼人的气势，要是谁不小心让他抓住了把柄，他更是不会放过这千载难逢的机会，肯定会对那个人大加奚落。因此许多人都不喜欢他。

后来他父亲的一位朋友将他叫到面前，用很温和的语气对他说："孩子，你从不来都不考虑尊重他人，什么事都自以为是。别人受了几次难堪后，谁还愿听你夸耀的言论呢？你的朋友们将一个个远离你，你再也不能从别人处获得学识与经验。而你现在所掌握的知识和学问，在我看来，还是太有限了。"

富兰克林听了这番话后，很受震动，决心痛改前非。从那以后，他处处注意，言语行为谦恭和婉，慎防损害别人的尊严和面子。不久，他便从一个被人敌视、无人愿意与之交往的人，变为极受人们欢迎的成功人物。

说话的目的是为了准确地表达自己的思想和意见，但是也不是任何时候都能毫无顾忌地把自己的思想和意见表达出来，必须要顾及到别人的感受。

语言具有的杀伤力太强了，在不当的场合说不当的话，总是容易伤人伤己。许多人也许会觉得有话不说，岂不是证明自己是一个虚伪的人？其实，这并非是虚伪，而是一种必要的交际手段，该说的话自然不能不说，不该说的话也不能乱说，只有管好自己的一张嘴，才能够避免"祸从口出"。

事实上，管好自己的嘴巴，最重要的是控制自己的情绪，在很多时候，一些不该说的话往往都是在情绪烦躁或者是异常愤怒的时候说出来的。比如说，当你受了委屈的时候，你有可能会到处倾诉自己的委屈，在这个时候很容易吐露不当的言语；当你和别人吵架的时候，怒火冲昏了头脑，只想在语言上压倒对方，你就会专门抓住对方的痛处"下手"，在语言上攻击对方。

总而言之，如果你不想因为言语的失当而让自己被孤立，不想因为语言的失当而影响自己的前途，那么就请多多在意对方的感受，把那些不该说的话全部都吞回肚子里，不要为了逞一时的口舌之快而害人害己。

第四章　亲和——言辞朴实绝不做作虚夸

7. 适当的自我贬低，更具亲和力

俞敏洪是一个能把自己的心态放得很低的人，他喜欢以贬低自己来调节气氛，增加自己的亲和力。比如，他屡战屡败的高考；如同"日语"的普通话；蹩脚的英语口语；还有平凡甚至是还达不到合格线的长相。这些都是俞敏洪常用的题材。

2008年11月14日晚，俞敏洪应邀到北京科技大学演讲。一开口他便说道："我以前来过北科，不过目的不纯，是为了找女朋友。但遗憾的是，北科女生都不喜欢我。"这个诙谐、风趣的开场白，引得北科学子们哈哈大笑。

2010年6月9日，俞敏洪回到家乡的江南大学演讲，他说："我18岁离开江南水乡去了北京，被北方的风沙吹得一脸沧桑。"这一句话顿时拉近了他与家乡学子之间的距离。

这两例中，俞敏洪以谦恭、揶揄的自我贬低形式低调出场，一句"不过目的不纯，是为了找女朋友"，诙谐幽默，可亲动人；一句"一脸沧桑"，不仅蕴涵着自己少小离家的奋斗史，也透露着他的乐观情绪。贬低自己容易让人认同接纳，因此，俞敏洪的开场白，很快就感染了听众，活跃了会场气氛。

交流总是要在融洽的气氛中进行才完美，为了达到这种气氛，就需要说话者拥有一定的亲和力，就好像我们初次见到一个人，他身上散发出一种独特的力量，迫使我们不得不去喜欢他。而贬低自己就是一种比较有效的增加亲和力的方式。

日本有一位国会议员，常对别人说："我仅有小学毕业的学历。"但是，他实际上却拥有高学历，他之所以贬低自己，无非是要给予别人在心理上的平衡感，从而让那些自感卑微的人能够轻松地面对他。

大家都玩过跷跷板，玩跷跷板时，如果一边贴地，另一边必定是荡在高空。这种"跷跷板原理"同样也能应用在人际关系上，即适时地贬低自己，就是相对地捧高对方。

当我们在某些时间、场所，不便坦然对他人说出赞美时，不妨换个对象来表达，适当地贬低自己，这样的效果是同等的，甚至会远超所期望的效果。运用这种方法，即使是"不善言辞"或"不善称赞"的人，也能轻而易举地达到抬高他人的目的。

比如说，当我们参加某店铺开张的庆祝会时，即使那是一家不怎么样的店铺，我们也要依场合不同来为庆祝会增添一些喜气。我们可以贬低自己，捧高对方说："这店铺看起来真不错，室内的装潢也很考究。不像我经营的那家店，门没做好，窗户也是一大一小的。"这样将对方和自己作具体的比较，并技巧性地批评自己略逊对方一筹，对方将因此而产生优越感，而他心中的舒坦自是不可言喻。

相反地，如果以轻视的口吻对主人说："店铺的柜台再宽一点会比较好。你们下次整修时可要记住啊！"对方在庆祝会上，听到这样毫不客气的批评，一定会大感不悦，从此对你产生敌意。这就是不谙人情世故所要承受的后果。

当然，贬低自己并不是自轻自贱，更不是自取其辱。要是因为过于贬低自己使别人觉得你不可靠，或是觉得你水平真的很低，从而瞧不起你，这就适得其反了。贬低自己应该是一种谦虚，一种豁达和真诚。

一次，《南方人物周刊》对"童话大王"郑渊洁进行访谈。当记者问他"为什么选择写童话"时，他说："我是懦夫，不敢像刘胡兰那样为改变世界献身，就通过写童话逃避现实。"当记者问他"为什么创办《童话大王》月刊"时，他回答道："我心胸特别狭窄，已经狭窄到不能容忍和

别的作家在同一报刊上同床共枕。"当记者向他表示"你一个人将《童话大王》月刊写了20年,不可思议"时,他淡然一笑道:"这是懒惰的表现。写一本月刊写了20年都不思易帜,懒得不可救药。"记者最后一个问题是:"如果让你给自己写墓志铭,你怎么写?"他回答的更绝:"一个著作等身的文盲葬于此。"

面对记者的提问,郑渊洁没有按照常规方式进行回答,而是来了一番自嘲,说自己是"懦夫"、"心胸特别狭窄"、"懒得不可救药"、"一个著作等身的文盲",言来语往间,将他投身童话事业的决心,以及面对荣誉及成绩的淡泊和谦虚表达得淋漓尽致,令人在忍俊不禁之余油然而生敬意。

贬低自己是一种大智若愚,它能制造宽松和谐的交谈气氛,能使自己活得轻松洒脱,使人感到你的可爱和人情味。

当然,也有些人会认为实在没有勇气做出这种事。这也没关系,对于比较害羞的人,还有一个相当不错高捧他人的技巧,那就是讲述自己的失败经历。

一般来说,与他人初次晤面时,在双方互相不了解的情况下,彼此心中可能都会提高警觉。这时,不妨以自己的失败经验当作话题。当对方听到你说"我前天做了一件丢脸的事情",想必脸上也会浮现微笑,心情轻松地听你继续说下去。适时地靠谈自己的失败经验来贬低自己,以高捧对方,令对方的心防撤离,而转向你这一方。

炫耀自己仅会引起别人的反感,而谈及自己的失败经验,不但会增强对方的自信心,更能因此打开对方的心扉,让他坦诚地接受你。所以,先贬低自己再与他人谈话,实在是增加我们亲和力,"捧"得他人欢欣的极佳策略。

8. 有身份，没架子

俞敏洪经常说自己口才不好，新东方元老们之间有争吵，他总跟不上。其实这是谦虚的说法，一个面对上千人的课堂犹能滔滔不绝的天才老师，怎么可能嘴笨呢？只能说是他的性格使然，他不愿意在大家气头上使矛盾激化，很多时候，他总是默默承受着大伙儿的"轰炸"，以至于在很多人眼里，他的性格过于软弱，没有作为一个企业领导者的魄力。而这一份软弱，也正体现了他平易近人的魅力。

俞敏洪说："当你对别人谦虚随和的时候，一般来说都能获得别人谦虚随和的回报。如果别人批判你的时候，你随和，这样更好沟通。另外一个原因，是我从小就是个性上能够忍让，更重要的就是对人性的理解。"

新东方几乎每一个老师都是一个牛人，个性张扬，并不好相处，平时难免互相之间的语言攻击，而且用词尖锐，几乎开一次董事会，就是一次批判的大会。批判者慷慨陈词，被批判者无地自容，深受打击。而每当这时候，俞敏洪总是被批判得最多的人，为此他被封为"思过斋"斋主。

对于员工，他没有一点架子，也没有一点身为老板的"自觉"。对于学生也同样是如此，在与学生聊天的时候，他的脸上时常挂着笑容，让身边的人很放松、很亲切。即便是给学生签名，他也是不厌其烦一个又一个，拍照留影也是颇有风度，总是笑得很惬意，让人很舒服。

人们对俞敏洪的评价是，胸怀博大，谦和包容，善于谅解他人。也正是谦和包容才使得新东方越来越强大。俞敏洪对此曾有过一段很贴切的话，他说："如果我以一种非常强硬的姿态出现在新东方人的面前，那新

东方早就散架了。"谦和宽容是反对者的天敌,就好比很硬的东西经受不了软化剂一样。

现实中有许多人稍微有点能力,便摆出一副"臭架子",哪怕只是个芝麻绿豆的"小官",手下不见得有几个"兵",也爱拿腔拿调,不把他人放在眼中,却独独自命不凡,甚至认为这样才有派头,才能震慑他人。

事实上,端着架子说话的人已然成为一个贬义形容,端架子者目空一切、恃才傲物,认为自己凡事比别人强,言语之中全都是抬高自己、轻蔑他人的话,甚至从双眼中流露出不屑与旁人为伍的神色等等。但毋庸置疑,这种感觉非常令人嫌恶。

一个会说话的人,懂得如何利用言语交流温和彼此的关系,拉近彼此的距离。而不是制造声势,让对方惧意自己而服从,这种形式上的交流只会闭塞了信息的互动。端着架子,没有亲和力的谈话,只会使别人因为恐惧、拘谨而谨言慎行,不敢轻易表露心意,甚至不敢说实话。如此,也就失去了谈话的意义,甚至因为无法敞开彼此的心扉,造成下一次交流的阴影。

如何让自己的言谈带着更大的魅力,不在于"官架子"端得大不大,而在于是否有亲和力,是否得到了大家由衷的认可。凡事不要自觉高人三等,放低姿态,放下架子再说话,只有这样才能赢得别人的心。

1964年,68岁高龄的土光敏夫就任东芝董事长,他经常独自一人巡视东芝散设在日本各地的三十多家企业工厂。身为一家公司的董事长,他这种举动实为令人震惊,更令人惊奇的是他常常提着一瓶一升的日本清酒去慰劳员工,跟他们共饮,像兄弟一般拉拉家常,谈天说地。这让员工们有点不知所措又有点受宠若惊。后来,工人们赞赏地称赞他为"提着酒瓶子的大老板"。

土光敏夫平易近人的低姿态使他和职工建立了深厚的感情。即使是星期天,他也会到工厂转转,与保卫人员和值班人员亲切交谈。他曾经说过:"我非常喜欢和我的职工交往,无论哪种人,我都喜欢和他交谈,因为从中我可能听到许多创造性的语言，获得巨大收益。"

就因为土光敏夫放下架子和自己的职工们一直保持友好亲和的关系，不仅帮他获得了宝贵的第一手资料，而且弄清了企业亏损的种种原因，同时还收到了许多有价值的建议，更重要的是赢得了员工的好感和信任。

每个人都有尊严，这是人的天性。如果你具有亲和力，不摆架子，也不高人一等，就会让别人感觉受到尊重，也就减小了别人的厌恶感，开始接受并欢迎你。由此可见，谦和、放下架子是赢得人缘的一种重要方式。那么，我们应该怎么做呢？

一、主动问候

"你好"、"见到你很高兴"之类的问候话语，虽然只有片言只字，但它是通向你与别人深入交谈的一座桥梁，同时它也是你向别人主动示好的一种方式——向别人示好，别人自然会觉得你很亲切，谁不愿意与亲切的人交谈呢？

二、不迷信自己

许多人过于相信自己，认为自己永远都是对的，因此不仅回避和抵制批评，甚至不能容忍任何不同意见的存在。他们内心世界的大门永远是封闭的，与任何人都保持情感上的距离。其实，没有人永远是对的，不如敞开心扉去接纳别人的观点，同时也接纳别人，这样别人才会接纳你。

三、注意细节，尊重别人

你与别人在交往时，可以先从一些细节开始，比如，注意对方的爱好，指出对方穿戴上的变化，记住对方有纪念意义的日子等。能这样做，对方会觉得你很在意他、关心他，能引起对方的话题和谈话兴趣，你会因此而受到对方的热情"礼遇"。

第五章
坚定——态度坚决言辞才有力

1. 相信自己，不怕质疑

俞敏洪曾经说过："把时间拉长一点，慢慢地坚定走下去，你会超过很多人。"成功其实就是一个积累的过程，问题就是这条路上，我们能否坚定不移地走下去。成功的路上最容易受到旁人言论的影响，一旦自己定力不够，那么就很容易陷入僵局中去。所以，成功者大多有一个共性，那就是他们都非常有个性，而且都非常倔强，决不会人云亦云，不会轻易被他人的意见所左右。

在新东方2010"梦想之旅"讲座中，俞敏洪这样说道：

"一旦开始自己的事业切记不要中断，开办新东方之后，我从来没有想过介入其他领域。十年前，我有非常好的做房地产的机会，但是我觉得这不是我想要的，因为我要的不仅仅是钱，要的是那种做事业的感觉，房地产只能为我带来相反的感觉。

"可能同学有疑问，认为事情都被别人做完了，自己没有事情可做了。其实不然。尽管我们在讲创新，其实创新很简单，什么叫做创新？别人做过的事情上你再往前走一步。

"不要在乎选择哪条道路，关键是要坚持走下去。只要走得比别人久，就能走出别人所不能的距离；走得比别人更远，你就能看到别人看不到的风景。

"到达金字塔顶端的只有两种动物，第一是雄鹰，靠两个翅膀轻而易举飞到金字塔顶端。第二是蜗牛，通过巨大努力，最后终于爬到金字塔顶端。当蜗牛到达金字塔顶端以后，它所看到的世界和雄鹰是一样的。但是如果让蜗牛和雄鹰同时写回忆录雄鹰是写不出来的，蜗牛却能写出丰富的回忆录，因为它每前进一步都付出了巨大艰辛。"

《功夫熊猫》里有这样一句话："没有任何东西是偶然的。""昨天是历史，明天是谜，但是今天是上帝送给我们的礼物。"每一个今天都会变成昨天，每一个今天都是走向明天的台阶。

俞敏洪的创业之路并不平坦，1991年夏天，当他决定舍弃成为北大教授的梦想，辞职离开北大的时候，他的决定遭到了全家人的反对，他的母亲甚至"以死相逼"。1993年，新东方一年的培训规模已经有数千人次，俞敏洪决定和品牌方东方大学分道扬镳。但是东方大学的老教授们很喜欢俞敏洪，因为他每年能为大学贡献不菲的赢利，老教授们甚至动过念头吸纳俞敏洪成为股东，但是俞敏洪还是坚持自己的初衷。

坚持是一种精神上的执着，是对胜利的一种坚定不移的信念。在某些场合，当需要坚持自己一贯的理念时，就应当挺身向前，大而无畏地表达和陈述自己，这是向公众展现自我的最好方法，也是让公众了解自己观点的最好方式。

每个人都有自己的观点，切不可因为他人在一旁的指指点点就轻易动摇自己的观点。他人的观点和路子可以作为参考，但仅仅是参考而已，效仿运用与操作却还是要经过一番深思熟虑的。

一个人无论做什么事情，都不可轻易动摇自己的信念，哪怕很多人提出强烈的反对，但只要你认定了，就要坚持。有时候也许正是你独树一帜的这个观点才是打开成功之门的唯一钥匙，为什么你已经站在成功的大门前时不再继续坚持一下呢？

古希腊著名的哲学家苏格拉底有一个关于苹果的故事：一次上课，苏格拉底拿出一个苹果摆在讲台上。说："请大家闻一闻空气的味道。"一名学生迅速地举起手回答："我闻到了苹果的香味。"

苏格拉底走下讲台，举着苹果慢慢地从每一个学生面前走过，并叮嘱说："请大家再仔细地闻闻，空气中到底有没有苹果的味道？"结果所有人

都说自己闻到了苹果的味道，只有一位学生觉得自己什么都没有闻到。

苏格拉底走到了这名学生面前说："你难道真的没有闻到苹果的芳香?"那个学生肯定地回答："我什么也没有闻到！"

于是苏格拉底宣布："他是对的，因为这是一只假苹果，根本就没有味道。"这个学生就是后来大名鼎鼎的柏拉图。

在创业路上，我们需要激情、执着和谦虚，激情和执着是油门，谦虚是刹车，一个都不能缺少。他人的观点我们可以记在心中，好的观点自然能运用，但是不好的观点我们当然要省去。因此不能将坚持当作是一种盲目的情绪，因为坚持不是"固执"，也不是"钻牛角尖"。

创业的确有一定的风险。但是，创业能否成功，比拼的不是智谋而是自信。一位创业成功人士说过这样一句话："创业就像黑屋子里，一点亮都没有。但你要告诉自己，那就是有光的地方，告诉自己那是方向。然后跟团队说跟我走，那就是方向。"也就是说，相信自己的判断、坚信自己是对的，是每一个创业者所必须具备的能力。

所以，每一个渴望创业的人，都应该像俞敏洪那样，在树立自信的同时，培养自己的果断与坚持、理智和冷静，保证自己能时刻在艰辛的创业之路上坚信自己是对的。只有在这样的激情和勇气的指引下，才能实现自己的梦想！

2. 嘴上执着，心中更执着

在与人交谈时，语气沉稳，声音洪亮、坚定、不亢不卑，相信很多人会臣服于你的言语间所透出来的魅力。语言是表达个性的主要方式，坚定执着的说话方式非常重要。如果我们仔细观察，就会发现，最成功的政治人物，都是说话坚定有力的人。

俞敏洪就是这样一个"嘴上执着"的人，他在演讲或采访中表露出的坚定神态和执着的语气，完全可以看出他内心的执着。下面这段话摘自俞敏洪《挺立在孤独与屈辱的废墟上》的演讲中：

"新东方'从绝望中寻找希望'这句话，跟美国著名的民权运动家马丁·路德·金所说的话是一模一样的，他在'I Have a Dream'演讲词中说了一句话，'We will hew out of the mountain of despair ast one of hope'，我们从绝望的大山中砍出一块希望的石头。

"请记住了绝望是大山，希望是石头，但是只要你能砍出一块希望的石头，你就有了希望。在他的时代，直到他被暗杀为止，黑人在美国没有任何社会地位而言，坐车不让坐，饭店吃饭不让吃，电影院不让进，正是他用鲜血和希望换来了美国黑人在美国社会中的平等。

"哪怕是最没有希望的事情，只要有一个勇敢者去坚持做，到最后就会成为希望。凡是我身边想要出国的人，只要坚持往下走，我发现最后没有走不了的人，真正走不了人的是联系了一年或者联系了两年就放弃的。一两年在你的生命长河中算什么！为了一个伟大的目标，我们搞个三年五年并不算长。"

"从绝望中寻找希望"这句话已经成为了新东方的校训,也是俞敏洪最常说的一句话,他用这句话来激励别人,也用它来坚定自己的信念。

许多人最终没有成功,不是因为他们没有能力,而是言语中缺乏坚定的信念。这种人在说话时缺少阳刚之气,不果断,不干脆,态度更是让人感觉不坚决;这样的人,想要获得别人信赖自然就很难。

一个频繁地出入于社交场所的人,就应该知道,在与人交谈、做公众演讲、开会或者与陌生人打交道的时候,说话一定要声音洪亮、充满自信。不然就会发现谈话也变得磕磕巴巴很不流畅,甚至发生词不达意的情况。

其实嘴上的执着和心中的执着应该是相辅相成的,如果我们能把自己心中的信念大胆坚定地说出来,那么等我们得到了对方的热烈的回应后,我们的这种信念也会得到上升。信念上升之后的我们也会变得更加自信,说话的声音变得洪亮、坚定,这样不断循环。

一个语气坚定、做事果断自信的人,容易获得人们的信任。而说话犹犹豫豫、吞吞吐吐的人,则很难让人相信。

林肯出身贫寒,他的父亲是一个鞋匠,这样的背景让他备受争议。有一次,林肯在参议院演说,就有参议员想要羞辱他。

在林肯站在演讲台上的时候,有一个态度傲慢的参议员站起来,说:"林肯先生,在你开始演讲之前,我希望你记住,你是一个鞋匠的儿子。"

所有的参议员都大笑起来,为自己虽然不能打败林肯但能羞辱他而开怀不已。等到大家的笑声歇止,林肯说:"我非常感激你使我想起我的父亲,他已经过世了。我一定会记住你的忠告,我永远是鞋匠的儿子,我知道,我做总统永远无法像我父亲做鞋匠那样做得那么好。"

参议院陷入一片静默。林肯转过头对那个傲慢的参议员说:"就我所知,我父亲以前也为你的家人做过鞋子。如果你的鞋子不合脚,我可以帮你修正它,虽然我不是伟大的鞋匠,但我从小就跟父亲学到了做鞋的技术。"

然后他对所有的参议员说:"参议院里的任何人,如果你们穿的那双鞋是我父亲做的,而它们需要修理,我一定尽可能帮忙。但是有一件事是可以确定的,我无法像他那么伟大,他的手艺是无人能比的。"

在常人看来,鞋匠是一个卑微的职业,但是林肯却不这么认为,他一直觉得父亲是一个伟大的鞋匠,他的反击坚定、不卑不亢,非但没有让别人看轻,反而让讥讽和嘲笑他的人变得可笑。

人们常讲"言由心生",意思就是一个人说出的话,做出的事,往往能够反映这个人内心如何。通常在嘴巴上十分"执着"的人,其实往往心中都十分执着。因为从他的言行举止中,我们就能看出这个人内心是否坚定。从林肯的话中,我们可以看出,他对父亲的尊重是真心实意的,他是发自内心为父亲感到骄傲,只有这样,他才能说得那么坚定。

人常说:"心中有座不倒的灯塔,能造就你远航的人生。"随波逐流的人,永远到达不了理想的彼岸。古今能成大事者,无不树立坚定的信念。而你嘴上的坚定,不但可以让别人对你多几分信任,还能够不断地鞭策自己。

第五章 坚定——态度坚决言辞才有力

3. "最重要的是不放弃"

俞敏洪说:"哪怕是最没有希望的事情,只要有一个勇敢者去坚持做,到最后就会拥有希望。"每个人的生活都不可能一帆风顺、坦途无限,许多成功者在通往成功的道路上都是布满荆棘、步履维艰的。

2013年9月15日,俞敏洪在广东广雅中学进行演讲,在演讲中他说,自己18岁之前一直都在农村,有个"下放"的老师鼓励大家都去考大学。第一年他英语考了33分,"以最快速度变成了农村的优秀手扶拖拉机手","但我不想一辈子拄着锄头"。

俞敏洪说,当拖拉机手的那段时间,他每天在水田里,跟着拖拉机跑20公里,于是下定决心还要考,一定要考出去。第二年参加高考,他再次落榜,英语考了55分。

在一片质疑声中,俞敏洪坚持再读一次高三。当年暑假,俞敏洪报了一个英语补习班。有了前两年的积累,加上最后一年的拼命用功,"高五生"俞敏洪英语得了90分,最终被北大录取。

进入北大之后,俞敏洪发现,自己的成绩在全班总是倒数几名。但是他并没有放弃,一个小时完不成的课业,就花一天时间来完成,一天背不下来的课文,就花一周的时间天天背。俞敏洪说:"在与同学智商相当的情况下,唯一能胜出对方的是超常的努力加毅力。"他还寄语在场的即将参加高考的众学生们:"即使最后一名,也要保持一颗上进的心。"

人生本没有失败,所谓失败只是暂时的不成功,所有的失败都来源于两个字:放弃,而成功就是永不放弃地去努力。

传奇企业家史玉柱从1989年以深圳为起点，在经历了20多个春秋之后，最后在上海这个繁华大都市指点江山。史玉柱最大的资本不是他的财富，不是他的股票，而是惨败之后的东山再起，而是以常人难有的勇气完成的人生大逆转。商海沉浮，史玉柱起死回生，再造奇迹，为无数创业者高高地竖起了一面精神旗帜。

身残志坚的张海迪，5岁时因患脊髓血管瘤，高位截瘫，因此没有进过学校。但她从童年时就开始以顽强的毅力自学知识，她先后自学了小学、中学、大学的专业课程。15岁时她随父母下放到聊城莘县一个贫穷的小山村，但她没有惧怕艰苦的生活，而是以乐观向上的精神奉献自己的青春。她微笑面对生活，走上了文学创作的道路，她以顽强的毅力克服疾病和困难，精益求精地进行创作，执着地为文学而战，经受生活的考验，迎难而上，终于成为我国一位著名的作家。

每个人都有与生俱来的天赋和本能，只是需要时间去发现。没有做不到的，只有想不到的。没有做不好的，只有不能坚持、半途而废的，凡事都是有可能的。

下面一段话是奥巴马在亚利桑那州立大学毕业典礼上的演讲：

"今天，我想告诉你们，2009届的毕业生们，虽然你们取得了生命中一个重要的里程碑，虽然你和你们的家人都理所应当为此感到自豪，你们却不能依赖过去的荣誉。你们不能停滞不前。因为今晚我们聚集在这里，面对的是一个困难重重的时期，不管是对美国还是整个世界来说，都是如此。对于你们许多人来说，这些挑战也和你们的切身利益有关。也许你还在找工作，也许你还在苦苦思考在这个经济破败的时期，从事什么职业才比较有意义……

"托马斯·潘恩曾经是一个失败的紧身衣裁缝，一个失败的老师，一个失败的税务员，但他最后却名垂青史，他的那本名叫《常识》的小书引发了一场革命。朱莉娅·蔡尔德直到将近五十岁时才出版了她的第一部烹饪书。桑德斯上校直到六十多岁才开办了第一家肯德基餐厅。

"他们中的每一个人,在生命中的某一时刻,都没有响亮的头衔和显赫的地位值得炫耀。但他们有激情,他们追随着这种激情,不管这激情把他们带到哪里;而且他们每一步都不辞辛苦,扎实工作。"

奥巴马所谓的"激情",就是一种不放弃的精神,这也是他所强调的"美国精神",他鼓励大学毕业生们运用这种激情,努力奋斗,以战胜金融危机带来的困境。

有人说:"你面对,所以你去拼搏;你拼搏,所以你能够面对。"苦与乐是生活所必须去经历的过程,磨难和挫折不一定是负面的,也正是各式各样的挫折丰富着我们的人生,增长了我们的才智。

正如奥斯特洛夫斯基所说:"人的生命似洪水在奔流,不遇着岛屿、暗礁,难以激起美丽的浪花。"人生最大的敌人,不是别人,而是自己,战胜了自己,便攻无不克、战无不胜。只要自己不放弃自己,不消沉,人生就没有过不去的坎。

因此,即使我们身处逆境,也不放弃自己,对自己有信心,亦能召唤你鼓起生活的勇气。自己对自己不放弃,就是在心中蕴藏一团永不熄灭的火焰。不管是面对什么样的困难坎坷,都应该心怀希望,永不放弃。

4. 鼓励自己，面对挫折不逃避

俞敏洪说："困难就像狗一样，狗是既怕人又不怕人的动物。如果你看到一条狗时迎头走过去，这条狗不会咬你，会给你让路。但是如果你见到它就跑它就会咬你，连哈巴狗也会追着咬你。"由此可见，一个人成功的关键，不在于外部的困难，而在于我们本身是否有自信去面对。

著名的布鲁金斯学会的网页上有这么一句格言：不是因为有些事情难以做到，就失去自信；而是因为我们失去了自信，有些事情才显得难以做到。遇到挫折就选择逃避，而不是勇敢地去面对，给自己一条后退的道路，其结果必然是失败。相反，遇到挫折理直气壮地面对的人，最后往往都踏上了成功的道路。所以在遭遇困境的时候，我们要学会鼓励自己，给自己多一点信心。

在一次对话大学生的讲座中，一位学生问俞敏洪说："我是去年毕业的学生，今年也在做传媒。很多人失业了或者说是没有找到工作会选择回学校继续读书，您觉得合适吗？"

俞敏洪回答："这是一种逃避。已经找到了工作，在工作中有很多心得体会，未来自己喜欢这个工作，发现自己专业知识和综合能力还不够，这个时候，可以继续回去读书。

"大家进入社会以后一定要学会锻炼自己强大的心理承受能力。一堆面粉放在案板上，你用手去一拍这堆面粉就散了，这就是我们现在的心理承受能力；你把它加点水揉一下，你再拍就不一定散了，但是还是一堆很松软的面粉；如果说你再不断地给它加水，把它揉到最后，就变成了一个

面团,你再怎么拍都不散了;你继续给它揉,它就不仅仅是一堆面团了,你即使用手给它拉,它也不断,这就变成拉面了。

"人的神经承受能力一定要达到这种状态,你才能去参与社会,在社会中间奋斗。遇到一点点事情就拍案而起的人,肯定是没有度量和心胸的人,找工作一次被拒绝就不找了,那么说你能找到第二个工作吗?"

俞敏洪的人生一开始并不光鲜,但是他在挫折和失败的伴随下,一路走了过来,而成长中挫折带给他的感悟,远比他生命中的成功更加深刻。他始终都坚定地告诉自己,鼓励自己:"生命中会遇到很多的困难和障碍,不是让你的生命停滞,而是令生命之旗更加高扬。"

做任何事情,最怕的是对自己没信心,当挑战来临时,首先想到的就是退缩,结果当然是一事无成了。鼓励自己,更多时候是一种积极的自我暗示和肯定,能够在不动声色中给自己传递正向的积极的力量。

遇事只会对自己说"这件事恐怕做不好",那么就已经失败一半了。因为这些消极的暗示,首先就让自己的内心里有了负担,哪怕自己能做得到,也会因害怕做不好而放弃。所谓困难,往往是我们心理上的一种主观感觉。有时候,困难甚至在我们的想象中会被无限放大。如果你在心里把困难放大,就很难甚至无法跨越这个障碍。

以自我激励的方式来增加自信心其实是一种很有效的激励方法,比如,说"我一定成功",而不说"我不可能失败"。因为前者在大脑中种下的是成功的因子,你的潜意识会指挥你去"成功";而后者种下的是失败的因子,你大脑的潜意识会指挥你去给自己设置"失败"的栏杆。

美国一位有名的新闻记者琼斯,刚出道时极为羞怯怕生。有一次上司叫他去访问一个大法官,琼斯极为恐惧,连连说:"不行不行,他不认识我,根本不会约见我的!"在场的另一个记者当即拿起电话就拨通了对方秘书办公室:"你好,我是明星报的记者琼斯,奉命采访布兰德斯法官,不知道他今天能否接见我几分钟?"

吓坏的琼斯在旁边愤然大叫:"你怎么能报我的名字!"这时电话那头

已传出声音："十三点十五分，请准时。"

同事得意地耸耸肩："琼斯先生，你的约会安排好了。"琼斯一下子愣住了。"那一刻是我二十几年来学到的最重要的一课。"成名后的琼斯在回忆这件事的时候总是这么说。

1991年，一个名叫维娜的女子徒步穿越非洲，不但战胜了森林和沙漠，更通过了400英里的旷地。当有人问她为什么能做到令人难以想象的壮举时，她回答说："因为我说过我能。"

大家在看举重比赛时，我们会发现运动员在比赛刹那，都会大声喊出"哈"之声。目的就是给自己无比的自信心。如果他喊着"唉"的声音，比赛结果一定是凶多吉少。在足球比赛中，还有更有趣的现象：一场比赛还没开始，双方教练就在媒体前大吹特吹自己的队伍肯定会胜利，一定会给对方留下深刻的教训。这是为什么呢？很简单，一方面给对方造成心理压力，另一方面，可以给自己一些积极的语言暗示，从而增加信心。

可见，世界上，没有什么问题是不可能解决的，就像人们常说的那句话——"只有想不到，没有做不到。"人的潜力是无限的，只要你相信自己能做到，并真正地去努力，那么你就能做到。人潜在的智力犹如一座待开发的金矿，蕴藏无穷，价值无比。我们能够创造的方法也是无穷无尽的。

所以，永远也不要消极地认定什么事情是自己不可能做到的，很多事情不是不可能，而是看你有多大的决心和信心去尝试。对于我们来说，那种"我不可能"的观念才是我们最大的敌人，只有把它从我们的脑子里剔除，我们才能获得成功的机会。

5. 必要时，针锋相对

俞敏洪口才虽好，但是一直以来给人的感觉都是温文尔雅，事实上他在现实生活中也的确是一个比较温和的人，平常有什么事情，基本上都是和别人商量着来。但这并不代表他软弱可欺，一旦触犯他的底线，他也会变得针锋相对，毫不退让。

美国教育考试中心（ETS）曾指责新东方非法使用和销售 ETS 拥有版权的考试题，对此，俞敏洪在接受记者采访时，向记者指出："ETS 在公开地说谎！"并针锋相对地进行驳斥：

1. ETS："ETS 已经给中国学生提供了得到 GRE 和托福复习材料的途径。去年我们向中国全国各地发出了 4 万份相关信息材料，我们还发出了成千上万份预订复习材料的表格，中国学生可以向我们预订这些材料。"

俞敏洪："4 万份？成千上万？事实是，如果你现在可以在中国找到一个通过此种渠道获得资料的学生，我就服了你！即便退一步，我倒要问，ETS 所指'信息材料'，如果真的发出过，那么中国学生是要到美国购买，还是在中国购买？"

……

6. ETS："1996 年、1997 年，新东方曾两次非法盗用该中心的版权，经过交涉，新东方保证此类问题不会再出现。但在去年 11 月，该中心发现新东方又故伎重演，而且在 ETS 已经掌握了证据之后，仍然在向学生提供盗版的教材和考题。"

俞敏洪："新东方从未偷过题，我们使用的是在中国市场流传的试题，也从未去考场记录考题。ETS 在诉状中，这些内容只字未提，为什么？说明 ETS 并没有证据。"

　　口才是智慧的角逐，是语言的较量，许多时候双方唇枪舌剑，刀光剑影，往往呈现出尖锐的矛盾对立的态势。而一个有口才的人则总是善于从共同的前提中引申出一个与对方针锋相对的结论，以此来与论敌相抗衡。

　　论敌言论锋利，自己言辞要更锋利；对方有气势，自己就更要有气势。以威对威，以势对势，以快打快，以强击强。运用这种方法要求辩论者义正词严，理直气壮，临"威"不惧，神态刚强，在辩论中产生一种闻之震耳、以正压邪的作用。

　　诸葛亮"舌战群儒"采用的就是这种办法，无论对方出什么样的难题进行刁难，他都能见招拆招，一一化解，将对方的言语全部都驳倒，直到对方再也没有什么好说的。不过这是火力对火力的正面交锋，我们必须要具备优秀的语言能力。

　　以针锋相对的形式反击对方，在顷刻之间将对方的指责、嘲讽、诘难驳倒，且使对方受到加倍的难堪，这就如同一把匕首扎到对方身上，虽不见血，却比流血还难受。

　　苏联诗人马雅可夫斯基曾经同反对苏维埃政府的人进行争论。反对者问："马雅可夫斯基，你和混蛋差多少？"马雅可夫斯基十分气愤，但他却不动声色，不慌不忙走到反对者跟前说："我和混蛋只有一步之差！"在场的人都哈哈大笑起来，那位反对者只好灰溜溜地跑了。

　　针锋相对，通常是承接对方的说话内容，借用其中的某些话语反击，点明对方的错误本质。在讥讽时要一针见血，要注意比对方的进攻力量更强大。同时必须注意对象及环境，只能在对方出言不逊、蛮横、责难的场合下使用。

　　上个世纪 20 年代初，冯玉祥还在任陕西督军的时候，一天，美国亚洲古物调查团的安德里和一位英国人高士林私自到终南山打猎，打死了两头珍贵的野牛。他们洋洋自得，回到西安来向冯玉祥炫耀自己的收获。

冯玉祥问:"你们到终南山打猎,曾和谁打过招呼?你们领到许可证没有?"

这两位洋人骄横惯了,他们十分傲慢地说:"我们打的是无主野牛,所以不用通知任何人!"

冯督军一听,非常生气地驳斥他们说:"终南山是陕西的辖地,野牛是我国领土内的东西,怎么会是无主的呢?你们不通知地方官府,私自行猎,这是违法的行为,你们知道吗?"

他们不服,辩解说:"我们此次到陕西,贵国外交部发给的护照上,明明写着准许携带猎枪字样,可见,我们行猎已蒙贵国政府的允许。怎么会是私自行猎呢?"

冯督军立即反问:"准许你们携带猎枪,就是准许你们行猎吗?若是准许你们携带手枪,那你们岂不是要在中国境内随意杀人啰!"

中国传统文化历来将退让视为一种美德,退让是智者所必须具备的品质,有时退让是必要的。不过当退让掺入了柔弱,变成了一种相安无事、与世无争的处世哲学,它就走向了反面,成了软弱。随着社会竞争的加剧,在纷繁复杂的局势面前,我们不得不重新审视"争"的利弊得失。

现实生活中,如果不幸遇到了那些不知进退的人,你一定要时刻注意自己的言行,在言语行为上尊重他们,转移他们恃强凌弱的心理,小心慎重地与他们相处。如果碰到过分恶劣的欺压行为,也不必示弱,应据理反抗。

6. 该犀利的时候不嘴软

"犀利"一词表示切中要害，一针见血，具有说服力、洞穿力，语言直观，深入中心。中国人向来主张"以和为贵"，即便是面对一些不满的事情，也都只是暗中提醒，不会明着点破。所以言辞犀利的人就显得另类，也更受关注。但事实上，犀利的口才其实每个人都需要，因为很多时候的环境需要我们必须以"犀利"来应对。比如，俞敏洪看似温文尔雅，但有的时候也会露出犀利的"獠牙"。

2013年全国政协教育42组举行分组讨论上，俞敏洪谈到政协的作用，言辞颇为犀利："如果政协不能发挥应有的作用，就只是有地位的人物的聚会场所。"政协应该如何发挥作用呢？俞敏洪举了刚出台的20%房产税和处罚闯黄灯为例，认为这都是缺乏广泛听取意见和深入探讨的"拍脑袋"。"我认为政协最大的作用，就应该是限制政府作决策时'拍脑袋'。"一番话直言不讳，引起了不少委员的共鸣。

政府决策不能"拍脑袋"，委员提案更不能"拍脑袋"。"今年我本想提两个提案，现在不提了。为什么？我觉得如果不深入调查，做提案是添乱。"俞敏洪为此建议，深入调查后再做提案。"比如留守儿童问题，大家觉得重要，我们一次只解决这一个问题，大家一起出力，一起签名，递到教育部。我们作了充分的调研和讨论，这比每个人随便交一个提案要强百倍。"

在现实生活中，说话直言不讳往往是需要勇气的。犀利地表达更是会触动某些人敏感的神经，从而一石激起千层浪。

犀利是一种语言天赋，犀利中所暗藏的"硬"虽然表达的方式比较强硬，但是这种硬却常常会在合适的地方与时间里发生很大的"蝴蝶效应"。就好比在辩论赛中，当你经过深思熟虑之后再出其不意地给对方一击时，这个时候对方肯定会被你的"出乎意料"所威慑到，从而语惊四座，获得胜利。

在相亲节目《非诚勿扰》中，相对同台主持人孟非的"文"，乐嘉则更加激烈、麻辣。他的快人快语、犀利分析直指嘉宾内心，因此被有些人冠之以"毒舌"恶名。但更多的人却大呼痛快，因为他说出了观众的心声。

一次，有一个21岁的男嘉宾，家住黄土高坡，生活十分清苦。这个男孩连温饱都无着落，却在台上拼命疾呼要做明星，成为王宝强第二。当这位男嘉宾用带有鼻音的陕北普通话反复说，自己将来的明星梦肯定能成真的时候，在场的女嘉宾们难得地表示了前所未有的支持，而其中原因最多的只是对男嘉宾的同情。

但是，对于这个"有梦想"的男孩，乐嘉却给予了狠狠打击："能有正确的审时度势的自我评价，对于那些有梦想却充满无力感的人尤其重要。如果饭都吃不饱，却天天喊着明星梦，那是非常可怕的。如果我的冷水能够浇醒男嘉宾或者电视机前和他有着同样梦境的观众，我会很欣慰。"

从男嘉宾的对话中，乐嘉一眼便看穿了男嘉宾那极富喜剧性的"唐吉诃德"幻想精神，并犀利地指出，成为明星并不是每个人都能够一蹴而就的，更何况还是在没有任何背景的情况之下，这明显只是一场幻想罢了。

其实很多时候，语言就像一个人的名片，新奇犀利的语言往往能够充分展现你的睿智和个性。我们在谈话和演讲中，如果能把话讲得精彩独到，语惊四座，不但会引人注意，而且还能达到交流的预期目的，为自己赢得人生和事业的成功。

7. 坚持原则，不轻易妥协

俞敏洪是一个非常坚持原则的人，在"非典"期间，因为害怕传染，新东方停课，收的学费要全部退还给学生。本来银行不愿意退，但俞敏洪说，如果现在不退，那以后能上课时，他们会换一家银行存钱。银行考虑再三，只得把钱退了。因为这样，新东方损失了一个多亿。但是俞敏洪并不后悔，因为这就是原则。在原则面前，俞敏洪不会轻易妥协。

2009年11月6日，俞敏洪在接受《俞敏洪管理日志》的作者专访时说道：

"新东方现在有8000多名授课教师，这是新东方的'核心资产'。如此数量庞大的一群知识分子，如何'管束'？首先是在理念与行为层面进行积极引导和道德约束，其次要让大家知道新东方所能承受和宽容的底线所在。我们不可能也没必要全天候监控授课老师的行为，但是职业操守的准则，我们宣贯到所有教师。所谓底线就是动摇不得的'红线'，谁也不能触碰，我必须保证新东方的安全运行。在所有的宽容之下，必须确保新东方系统的经营安全，这就是我绝不妥协的原则。

"6年前，新东方一个分校的校长，犯了严重的经济问题，这事儿发生在现在的话，我肯定会把他送进监狱。当年我没有那么做，因为那时候我还没有摆脱"哥儿们义气"，出于体恤、宽恕的现实考虑，只是要求他清退了所占用的款项。……

"2008年，新东方一个分校的人力资源负责人，通过虚用身份证的方式，侵吞了新东方五六万元。我们起诉了他，2009年8月他被判了两年。

按照以前的处理方式，只要把钱退了，全都一笔勾销了。但这次我决定严惩不怠。道理很简单，在一个组织机构里面，如果这样的行为不课以重律的话，很可能会对新东方员工造成误导。"

俞敏洪说："没有规矩的话，文化无法真正弘扬，道德也会沦丧。"一个不向命运让步，一个在事实面前仍就坚持自己原则的人，一定会受到他人的敬佩，并且靠着其坚实的步伐一步步迈向成功。

说话也是一样，要你讲究原则，不论你是与人为善也好，还是面对强权也罢，都请将自己的初衷与原则放在首位。

从古至今，只懂阿谀奉承之人最终都不会有什么好下场，只逞一时口快，得到的不过是一时和谐、欢愉，结果遗臭万年，遭人咒骂。而那些敢指出别人错误或缺点的人，到头来却名垂千史，受后人景仰。

当上律师的林肯，因为精通法律又有一副好口才，所以在当地的声望很高。

一次，一个很富有的人来找他帮忙打官司。但是，当林肯听完客户对实情的陈述后，发现他是在诬陷好人。于是，富有正义感的林肯很直接地说道："很抱歉先生，我不能替您打这场官司，因为您的行为是非正义的。"

虽然遭到了直接的拒绝，但那个有钱人并不想因此放弃，便说道："我就只想让您帮我打这场官司，只要我胜诉了，您要多少报酬都可以。"

林肯听了这话，一脸严肃地说："只要使用一点点法庭辩护的技巧，您的案子很容易胜诉，但是案子本身是不公平的。假如我接了您的案子，当我站在法官面前讲话的时候，我会对自己说：'林肯，你在撒谎。'谎话只有在丢掉良心的时候，才能大声地说出口。我不能丢掉良心，也不可能讲出谎话。所以，请您另请高明，我没有能力为您效劳。"

林肯当律师有一条不成文的规矩，就是被辩护一方必须是正义的，否则就会遭到他的拒绝，并指出对方的错误。为此，他很受当地人的欢迎。

倘若对方的行为是不正当的，会对自身或他人带来伤害，勇敢并直接地指出来，有时要远比苦口婆心地游说更具说服力，而且更容易让对方体会以及反省事情的影响程度，从而很好地自我反省和修正。

事实上，说话有原则性，一方面要适合自己的身份，另一方面还应适合的便是谈话对象，最后才是语境。简而言之，一个人在表达自己的立场问题时，越遵循自己的主题，就越能阐述自己的观点，达到克强制胜的目地。

但是，我们还应当明白，原则性的话题也不能过于尖锐，那么在一些特定的场合就要懂得适时地化解。坚持原则性，会让你的自身气场加强，但是如果太过，那么反而会适得其反，让人觉得你过于咄咄逼人。

实践证明，说话如果要想取得"攻占人心"的效果，那么就请你坚持自己的一贯原则。就好比在辩论赛中，最后拔得头筹的往往就是那个将对方注意力完全吸引过来的人。

第五章 坚定——态度坚决言辞有力

第六章
委婉——说出的道理要让人听着舒服

1. 点到即止，暗示比直言更有效

发现对方犯了错，不会说话的人常常喜欢口出直言，毫无顾忌地说："你错了。"而聪明人则得给人留面子，懂得批评的目的是为了让别人认识并改正自己的错误，而不是要制服别人或把别人一棍子打死，更不是为拿别人出气或显示自己的威风。

点到即止是一门说话的学问，往往比直言直语要好得多。尤其是当人们的思想情感不便于明确表达出来时，可以用含蓄、委婉的方式向对方发出信息，这样让对方在有意无意间理解我们所说的话中潜在的含意，这便是暗示性的语言。

在2012年的亚布力中国企业家论坛夏季高峰会上，俞敏洪说：

"我一直认为中国的商人是最想要诚信的，除了那些做一锤子买卖的，最后子孙留下来被遗臭万年的那种人，我认识的中国企业家都是想做长久生意的，这种人一定想要诚信，因为人是趋利避害的一种动物。

"对于商人来说生意怎样能够最长久地做下去？毫无疑问就是诚信。因为商人的产品能不能卖出去，房子有没有人买，我做的培训有没有人上课，决定不是来自于上面和政府领导说你要上课或者买房子，老百姓就会去买房子，这来自于老百姓本身，当老百姓知道这个企业不诚信，或者说这个企业有欺骗行为的时候，尤其是现在的微博行为，一天之后就可以宣告破产。

"中国的企业家本身是想追求诚信，中国的政治家不追求道德可以生存下去，而企业家不能生存，诚信就是一个利益诉求，诚信了就有利。王梓木说了以诚取信、以信取人，我们是说假话的吗？说表面说说诚信，底下欺骗客人，两相一欺骗诚信就没了。有企业家精神的人，诚信是长在他们的血液中的，这一个根基比长在个人心里更加牢固。"

俞敏洪的这段话虽然通篇都是讲述商人诚信道德，指出"中国的商人是最想要诚信"的话题，但其实也是在暗示那些不诚信的商人，如果目光短视，不但只能做"一锤子买卖"，而且还会"让子孙留下来被遗臭万年"。如此含蓄的暗示，委婉而充满智慧，它比直言更深刻，也更耐人寻味。

当别人的做事方法和态度不符合你的要求，你如果当面指责，就有可能造成对方对你的抵触情绪，从而容易把事情搞砸。特别是面对自己的上级的时候，如果你老是揭露他的错误，那么你的前程就岌岌可危了。

所以，我们必须用暗示的办法将批评巧妙地进行下去。巧妙的暗示能使人们易于改正他们的错误。因为暗示可以在让对方意识到自己的错误的同时，维持对方的自尊，让对方感受到你的良苦用心，从而使他希望把事情办得更好，而不是反抗或抵触。

比如说《邹忌讽齐王纳谏》中，邹忌就用"吾妻之美我者，私我也"，"妾之美我者，畏我也"，"客之美我者，欲有求于我也"作比喻，言普天之下莫不是"私王"、"畏王"和"有求于王"，从而由家事言到朝政事，暗示齐威王一定会受到很严重的蒙蔽。用这种委婉含蓄暗示的方法规劝齐威王，起到了进谏的目的又没有影响齐威王的面子，因而齐威王听来倍感亲切，接受谏议也就是意料之内、情理之中的事了。

有些人可能觉得暗示是一件很困难的事情，其实，暗示很简单，我们可以用很多简单的方法向对方暗示他的错误。比如，我们可以用讲故事的方式来暗示他人，当然这个故事的内容要与你所要批评的人的错误有关。借用故事，并对故事中的人进行点评，以此来点醒对方，或者是用一些幽默的语言来暗示对方。

一次，诗人但丁出席威尼斯执政官举办的宴会。宴会上，侍者献给意

第六章 委婉——说出的道理要让人听着舒服

大利各城邦使节的是一条条很大的煎鱼，而给但丁送上的却是几条小鱼。

但丁把盘中的小鱼逐条拿起来靠近耳朵，然后又一一放回盘中。执政官看到这个情景，就问但丁，为何做这种莫名其妙的动作？

但丁清了清嗓子，高声回答："很不幸，几年前，我的一位朋友在海上遇难。自那以后，我始终不知道他的遗体是否安然葬入海底。所以，我就问问这些小鱼，也许它们多少知道一点情况。"

"那么，它们对你说了些什么呢？"

"它们告诉我说，"但丁不卑不亢地回答，"它们都很幼小，对过去的事情不太了解。不过，也许邻桌的大鱼们知道一些情况。它们建议我向大鱼们打听打听。"

执政官不由得笑了，他转身责备侍者不应该怠慢贵客，吩咐他们马上给诗人端上大煎鱼。

相信任何人看了但丁的表现都会忍俊不禁。对于在宴会中受到的不公平待遇，但丁没有愤怒离席，而是将自己的不满通过暗示的方法不卑不亢地表达出来。这种暗示既婉转地指出了对方的过失，又巧妙地提出了自己的要求。对方听了之后，必然是一边被对方机智的谈吐逗笑，一边又后悔自己的照顾不周。这样，这种暗示的表达方法不需要在言语上发生冲突，就其乐融融地达到了双赢的境界。

在工作、学习、社会交际中，处处都有暗示的语言在传送信息。暗示代替直言，常常会起到很好的效果。但暗示需要意会，如果你的暗示让人一头雾水或者甚至完全搞反了你的意思，那么作用就可能适得其反了。恰到好处地暗示，不在于言语和动作的多少，而在于两个人相互看一眼就会心领神会，心照不宣。

2. 钝化锋芒，和颜悦色地说

中国有一句成语叫做"锋芒毕露"，锋芒本意是刀剑的尖端，后人将之比作一个人的聪明才干。有锋芒原本是好事，是事业成功的基础。然而，凡事都有利和弊，如果一个人锋芒太露，自恃有才就狂妄自大，好为人师，目中无人，那结果就不尽如人意了。

尤其是在很多商业场合中，有争端发生是常有的事情，但是如果想要让生意进一步谈下去，那么就必定要将锋利的言语化作"绕指柔"，语气和缓一点，这样对方才能在平和的气氛中有继续与你谈下去的可能性。

俞敏洪在新东方教育科技集团2012财年获奖人员集团领导见面会上这样说道：

"在新东方被辞退的人一般只有两种人：第一种人是确实工作能力不够或者工作态度不好；第二种人是尽管工作能力很强，但是却被周围的人给挤兑走了。虽然你工作能力强，但是周围没有一个人说你好，你再强也没有办法。为什么？因为这个机构的文化氛围被你破坏掉了，结果只能把你给挤兑走。

"所以说，有能力的人并不一定必然都是能有好结果的人，就是因为这个原因。因此，对于我们来说，要关注他人的感受，从语言上到行为上都是一个特别重要的东西。

"当然，人不可能十全十美，陈向东有被我伤害的时候，周成刚有被

我伤害的时候，沙云龙、汪海涛、李国富全有被我伤害的时候，这些都是新东方总裁办公会的人员，有的时候被我伤害到难受得不得了，恨不得回去以后拿把锤子来砸我。但是，我还是尽力地努力做到对周围的人尽可能让他们有一个好的感受。我可以坚持原则，但是我坚持原则用两种方法表达出来：一种是用严厉的、不留情面的方式，我也可以用另外一种方式表达出来，就是用友好的语言来表达我对这个原则的坚持和不可动摇性。牛根生说过一句话，我觉得他说得特别好，叫做'做的事情再好，你的心再好，但是你的嘴巴不好，就是你这个人不好'。"

如果仔细看看周围一些有人缘的人我们会发现，他们一般都是深藏不露，表面上看好像他们都是庸才，其实他们的才能可能远超过我们；表面上好像都很讷言，其实其中颇有善辩者；表面上好像都无大志，其实颇有雄才大略而不愿久居人下者。但是他们却不肯在言谈举止上露锋芒，不肯做出众人物，这是什么道理呢？

易经上说："君子藏器于身，待时而动。"这个"器"是要"藏"好的，否则就会没有意义了。锋芒对于年轻人，有的是害处，而好处却很少。这种锋芒好比是额头上长出的角，额上生角必然会很容易触伤别人，如果你不去想办法磨平自己的角，时间久了别人也必将去折你的角，角一旦被折，其伤害则会难以估量。

不懂得钝化锋芒的人往往会狂妄自大，树敌太多，与同事之间不能水乳交融地相处，究其原因就是因为在语言表达上、行为举止上太过尖锐，以至影响到他人。这也是遭人妒忌的最大原因。

古人曾有云："君子要聪明不露，才华不逞。"在现实生活中，一个人要善于藏锋露拙。尤其是当矛盾发生的时候，一定要懂得谦让。人们常说"和气生财"，就表明了只有在稳定平和的气氛中，双方达成一致的几率最高。

在一家高档制衣店里，一位顾客正拿着昨天刚买的西服，执意要退换，理由是西裤上有一处污点。由于是打折产品，公司规定不能退换，所以一位店员正在耐心地跟这位顾客解释。但顾客完全不予理会，还越来越不讲理，最后还威胁说要打电话到消费者协会去举报这家店。那个店员面对如此蛮不讲理的顾客，也失去了耐心，一团怒火上来，竟和顾客争吵起来。

这时，听到了吵闹声的店长走过来，在了解了情况之后，她对顾客彬彬有礼地说："我先替店员向您道歉。不过根据规定，打折的衣服一概不能退换。您看这样行不行，我们这里有专门的洗液，可以帮您把这条西裤上的污点处理干净，熨烫过后不会有任何影响，到时候保证您会满意。如果您方便的话，明天就可以过来取了。"

顾客看见店长面带微笑，心平气和地跟自己解释，火气立即就降了一大半。听了店长的一番建议，顾客觉得能够接受，于是就把西裤留下走了。第二天，西裤上的污点没了，顾客满意而归。店长没有责备那位店员，而是用实际行动告诉了他，任何时候都不应该发怒，因为那会让对方的情绪也变得更加糟糕。

一位名人曾这样说过："如果你握紧了拳头来见我，我可以明白无误地告诉你，我的拳头比你握得更紧。但如果你来我这里，对我说：'我想和你坐下来谈一谈，如果我们的意见相左，我们不妨想想看原因何在？问题主要的症结又是什么？'那么，我们不久就可看出，彼此的意见相距并不很远。即使是针对那些不同的见解，只要我们带着耐心，加上彼此的诚意，我们就可以更接近了。"

其实很多时候，我们都应该学会收敛自己的脾气，注意自己的说话语气。因为很可能本是顺利的局面，就因为我们的这么一两句"很冲"的话而导致谈话陷入僵局。即便问题出现了争端，但是只要我们抱有一个好的态度去面对，那么必然情况不会那么糟糕。

总的说来，钝化锋芒实质上是一种委婉的辩解方式，要有相当准确的分寸感才能掌握，粗心大意地对待很可能弄巧成拙。努力学会钝化锋芒、以柔克刚的语言技巧，不仅能使对方产生愧疚感，自动改正错误，而且能

第六章 委婉——说出的道理要让人听着舒服

悄然达到说服的目的。

因此，一个人无论是在生活中还是身处商场，如果学会和颜悦色地去对待身边的事情，并且多注意运用"软"调，那么必然能起到好的效果。

3. 用提建议的方式让人接受

很多时候，我们会对某些人说的话、做的事感到不满，性格直率的人往往会直接地指出来。但是这样的效果其实并不好。尤其是在复杂的大团体中，大家都各怀心思，如果你一个不小心刚好踩到他人的痛处，或者让对方的面子受损，那么定然会遭到对方的反感。

这个时候，若我们能站在对方的角度，从对方能接受的方面做突破口，把直率的批评改成建议，也许就会有意想不到的结果。正如林肯所说："你不可能强迫别人同意你的意见，但却可以用引导的方式，温和而友善地使他屈服。"用温和迂回的形式，以柔克刚，其实是一种极为高雅的说话方式，不仅效果好，还会帮助自己建立良好的人际圈子。俞敏洪就经常这样做。下面是他参加《赢在中国》节目时的一个场景：

符德坤：我性格当中最强的就是比较直率。我现在已经引起了不小的争议了，参加《赢在中国》10天之内我的博客量已经有120万，粉丝与粉丝之间掐起来。这是我很自信的，处理问题公正性、坦率。最弱的一点正好也是这一点，我觉得。

俞敏洪：你认为你现在的个性，既是优点又是缺点的直率，不影响未来企业的发展吗？

符德坤：应该不影响，在做企业的时候有温柔型的，类似王品杰比较浪漫型的，也有像李云龙那种亮剑型的。

俞敏洪：我觉得你个性中自信的成分大了一点，比如说自信自己能做

第六章 委婉——说出的道理要让人听着舒服

到，自信自己是个天才，这个是不是跟你少年、青年时候的生活有关系，曾经经历过这么多艰难困苦，不能不建立外表的自信。我个人感觉，这种自信要不就是打磨出来的，要么就是装出来的。因为我个人认为，反复强调自信的时候，一定有某种弱点不让人碰。第二我认为这种掩盖恰恰是你的弱点。未来你做企业的时候，不管你跟谁讲，如果你一直强调自己的天才成分，对你未来创业包括做大了以后吸引人才，也会带来某种障碍。所以我个人建议，这种自信的表露应该从行动上来，而不是从语言上来，这是我的一点建议。谢谢。

　　从上面的对答中，我们可以看出，即便此刻站在导师的位置，俞敏洪依旧是谦虚谨慎的。他往往会用建议的方式去将自己的意见说出来。在融洽的气氛中，让对方去接受，而不是剑拔弩张，或者是用自己的权力去压倒对方。

　　提出异议与坚持自己的正确观点是极好的，但是如若我们提出建议表达意见的方式不对，那么很可能就会遭到对方的反感。

　　有人曾经说过一句话："比别人聪明，但不要表现出来，尤其在上司面前，你最好不要表露出'我比你聪明'的意向。"

　　首先我们不能直指上司的错误，在肯定的同时，把自己的建议呈上，这首先是给了上司一个台阶，另外，语中之意是，我原本是赞同上司的观点的，只是如果在上司的观点的基础上再加上一条，就是对上司的观点的完善。试想，有哪个上司不喜欢这样一个既有能力，又尊重上司的下属？

　　我们知道，敢于直谏原本是好事，但如果方式不当，就很难得到上司的喜欢。比如，"经理，您刚才说的观点完全错误，我觉得事情应该这样处理……"，或是："经理，您的做法，我不敢苟同，我认为应该……"。这样的语言，无疑等于把上司的想法或做法一棒子打死，别说他是你的领导，就是一般的同事、朋友都是很难接受的。

　　你让别人脸上挂不住，别人自然对你心存芥蒂，你就是有再好的见解，你的意见被采纳的可能性也微乎其微。

卡隆是一个著名的工程师，他工作的地方有一个刚愎自用的工头，总认为自己的才是对的，别人的都是错的。一天，卡隆想在其负责的工段更换一个新式的指数表，但他想那个工头肯定不会同意，于是他就想了一个计策。他在腋下夹了一只新式指数表去找那个工头，手里还拿了一些征求意见的文件。然后卡隆和他讨论那些文件。在讨论的过程中，卡隆把只指数表从左腋换到右腋又换回左腋，这样反复移动了好几次。

那个工头见此，终于忍不住了开口说："让我看一看。"

"哦，你看它做什么，你们部里又不用这个。"卡隆故作很勉强的样子将指数表递给了他。然后趁他审视的时候，装作很不在意地将这东西的效用很详细地告诉了工头。那位工头听后很激动地说："我们部里用不到这东西吗？天哪，这正是我早就想要的东西！"

卡隆深知工头的习性，如果直接以命令的口吻让他用，他一定不会接受。于是就不动声色地先说新式指数表的好处、作用，将它潜移默化地灌入工头的脑子里，就是这种欲擒故纵的手法，毫不费力地让工头接受了自己的建议。

"吃软不吃硬"几乎是每个人身上都带着的特点，倘若你总是以一副领导者姿态自居，用老大的口吻说"你去给我做什么什么……""你必须怎样怎样……"等等，即使他们当前听取了你的话，接受了你的指派或领导，但不一定就是心服口服对你有所好感。

没有人爱听命令，即便你真的是他的上司或领导，有权力说服他必须去做什么，但却更容易失去一个下属对你的尊敬和信任。但是，如果你能切身地转换一下角度，转换一下语气，适当地体谅一下别人的感受，凡事以商议、给对方留有余地的方式提出建议或想法，他们会因为你对之付出的这份尊重而乐意多考虑你的建议，并对你的人品有所称赞。

在给他人提建议时，我们应该尽量避免针锋相对的局面出现。即便你

此刻持有的是非常正确的观点,也要懂得采用谦虚委婉的方式。多站在对方的位置上思考一下,尽量地让自己的意见表达得更加柔和,那么他人定然能接受。

4. 批评的话要委婉

"人非圣贤，孰能无过。"但这个"过"怎样指出来，也是一门艺术。批评他人时，一定要讲究策略。一时冲动就口无遮拦，是十分愚蠢的做法。最有效的就是用含蓄的方式，委婉地提醒对方注意自己犯的错误。这比直接的教训和指责要高明得多。

俞敏洪说过一句话："做事要挺拔，做人要委婉。"他的管理风格以温见称，对待员工也非常宽容，就算是要批评谁，也尽量会用委婉的方式，很少会严厉地苛责训斥。

北约轰炸中国驻南联盟大使馆期间，网上出现许多攻击新东方和俞敏洪的言论，说俞敏洪是"卖国贼"，说新东方是"卖国学校"，"让中国人才流失美国"，等等。新东方成为了一部分人发泄民族主义情绪的目标，造成了新东方在读学员的惊恐和慌乱。

新东方立即做出了反应，由徐小平代表新东方校长联席会议宣读了一封表明新东方办学立场和对北约轰炸中国驻南联盟大使馆的愤慨态度的信，以安抚新东方学员，表明新东方和其他中国人是同一立场的态度。但这一篇文章却被执行董事钱永强贬得一文不值，说网上有人对此评价为"笑话"，引起徐小平的极大不满。

当时俞敏洪就对他说："永强，我们做任何事情，不可能让百分之百的人都说好。我尽量让更多的人说好，越多越好。新东方在这里干事儿不容易。我们面对着最激烈、最狂妄、最爱幻想，也最渴望新知识的学生。这是第一。第二，我们还得面对政府。新东方是个民办学校，我们并不能

得到政府的政策保障,政府时时都在,你做了什么好事,它未必说你什么,但是,你一有什么不对的地方,它就会把你关掉。所以,新东方在这两个夹缝中求生存,我不能为了满足学生而得罪政府,也不能为了满足政府而遭学生唾弃。从这个意义上讲,新东方是一个伟大的成功。你回国应该有这么一种成功的思路。你不能说某个学生不喜欢就是不好的东西,或者政府不喜欢就是傻子的东西。这种思路不对。这就是中国特色。"

俞敏洪用一种启发式的阐述,在委婉地批评了少年得志的钱永强的同时,也让他明白了新东方走到今天是多么的不易,它能存活下来,能聚集如此之多的人才,就是一大成功,就是值得肯定的事情,也是值得大伙儿共同珍惜和呵护的成果,从而让钱永强对新东方有了更加强烈的归属感。

很多时候,直接说出自己的意见不见得别人会接受,碰钉子的情况也就在所难免了。比如说,你的公司里有一位经常迟到的员工,作为上司的你如果当面对他进行严厉的批评:"你到底还要迟到多少次?公司并不只有你一个人,想什么时候来就什么时候来,你这种行为根本无视公司的规定,你该好好反省反省了!"这样做,很可能会让员工产生破罐子破摔的心理,根本达不到理想的效果。但委婉曲折地说出来,往往能收到意想不到的好结果。比如,你这样说:"我想你肯定也知道迟到是不对的,如果你能坚持这样正确的看法,相信很快你就能发现员工准时上班的乐趣。"这样的说法,相信员工更愿意接受。

当面批评他人,只会造成对方顽强的反抗,所以当我们在说出批评的话语时,不妨先调整一下自己的情绪,再对要讲述的这件事进行一定的铺垫,这样说出的话自然也就会柔和许多。

美国最伟大的牧师、演讲家亨利·华德比奇尔于1887年3月8日逝世。华德比奇尔影响力巨大,被世人评价为"改变了整个世界的人"。为了纪念他,一个演讲纪念大会将举行,而莱曼·阿尔伯特应邀向那些因为华德比奇尔的去世而哀伤不语的牧师们演说。

由于急着想表现出最佳状态,阿尔伯特把自己的演讲稿改了又写,写了又改。在作了严谨的润色后，他读给了妻子听，让她给予意见。妻子感觉写得很不好。假如妻子不懂得委婉表达，她可能就会说："莱曼，你写得太糟糕啦，这样不行，你如果真的读了这样的稿子给听众，他们肯定都会睡着了。这念起来就像是一本百科全书。你都已经演讲这么多年了，怎么还会写成这样呢？天哪，你怎么不能像普通人那样说话呢？你难道不能表现得自然一些吗？如果你想自取其辱，就读这篇文章吧。"

但是，幸好妻子没有这样说，而是说："莱曼，这篇演讲稿如果刊登在《北美评论》杂志上，将会是一篇极佳的文章。"

莱曼·阿尔伯特一听就明白了妻子的意思，妻子称赞了这篇演讲稿写得很好，但同时又很巧妙地暗示，要是把这篇讲稿用来演说，将不会有好的效果。于是，他把自己精心准备的原稿撕掉，后来演讲时甚至都不用笔记了。

要想批评一个人而又不伤感情，甚至让对方感激和更喜欢你，最好能做到委婉地批评，间接委婉地提醒其注意自己犯的错误。

此外，指正的话应该越少越好。如果一两句话就能使对方明白，就不要多说，点到即可，然后将话题转到其他地方。俗话说，批评的话最好不超过三四句。会做工作的人，在对人批评教育时，总是三言两语见好就收，不忘给对方留下一定的余地；然而有些人就不是这样，他们总是不肯善罢甘休，非要将对方批评得体无完肤不可，结果是过犹不及，往往将事情推到了反面。

5. 忠言也可以不逆耳

古人云："良药苦口利于病,忠言逆耳利于行。"然而,当今社会,在科技的帮助下,人们学会了用胶囊、糖衣把苦口的良药包裹起来,这样药效不减,吃药的人却便于服用。同理,忠言也不一定非得逆耳。如果言者讲究艺术,把忠言说得顺耳些,听者就不易反感,反而会得到意想不到的效果。

2010年3月11日9:00,全国政协十一届三次会议在梅地亚新闻中心多功能厅举行主题为"政协委员谈促进就业"的记者见面会。在会议上,谈到大学生创业问题的时候,俞敏洪说:

"对于要不要鼓励大学生创业,我认为要理性看待。人一辈子如果没有一次创业经历的话是一件非常遗憾的事情,但现在的情况是,面对大学生就业难的问题,大家就拼命鼓励在校大学生都去创业,这实际上是有问题的。现在的孩子多数都是独生子女,人与人之间的相处能力,对于行业的了解、容忍度等等都不成熟,在面对创业环境时,大学生的人生经验还不够。

"我们常常一讲创业就说到比尔·盖茨,为什么呢?因为他大学都没有上完,在自己的车库里就研究出了微软。但这样的人毕竟是天才,这样的天才在全世界是可以数得出来的。

"创业的学生大部分都会失败,我看到的成功的例子非常少。失败以后,会出现一个问题,就是大学生通常不会反思自己,重新静下心来认真琢磨怎么积累经验再次创业,而是会怨社会,觉得中国社会太黑暗,太不公平，认为这个社会的资源集中在少数人手里。当然有部分事实是这样的。

"但是还有一个问题，他怨人心，比如他创业的时候一般要跟几个同学一起做，通常做着做着就打架了，最后的结果是，他不会总结自己作为领导人或者作为团队领袖自己凝聚团队的能力不够，往往把问题归结在跟他一起创业的团队的懒惰、贪婪、不合作，从此以后对人失去信心。"

俞敏洪的这一番"忠言"，可谓是给那些想要创业，总怀着成功梦的人一记迎头重击，但是却没有惹人反感，原因就是他这番话有理有据，而且言辞真挚，让听者能够体会到当中的善意和苦心，从而愿意欣然接受。

"忠言"之所以难以让别人接受，原因就是因为那些被批评的人，没有意识到这是"忠言"，反而认为你的话对于他们是有害的。许多被批评的人在特定的对象面前容易受特殊的感情支配，这就促成了逆反情绪的产生，越是忠言越觉得逆耳。

如在某个企业里，一个职员因为不小心做错了一件事情，经理便批评她，还要扣发她的奖金，结果那位职员自杀了。在某小学里，一个学生被老师批评后，为了证明自己是清白的，于是用红领巾上吊自杀了。在某个家庭里，儿子由于受不了父母的批评指责，挥刀将他们杀死了。其实，经理、老师、父母本来都是善意的。但是到了对方的眼里，就变成了侮辱，从而酿成了悲剧。

"忠言"作为真诚帮助他人的一种形式，它的初衷必然是善意的。但如果我们不能够将自己的善意表达出来，那么善意再大也没有用。因此，我们向别人进献"忠言"的时候，说话的方式非常重要。

公元前266年，秦国举兵攻打赵国，一举攻占了赵国的三座城池，当时主持政务的赵太后不得不请求与赵国关系密切的齐国增援。齐王虽然答应出兵，但提出赵国必须派太后的幼子长安君到齐国去作人质。赵太后不肯答应，大臣们极力劝谏。太后公开对左右近臣说："有谁敢再说让长安君去做人质，我一定往他脸上吐唾沫！"

　　左师触龙请求见太后,太后猜测他是来劝自己的,于是满脸怒容地等着他。但触龙见了赵太后,只是拉家常,说些衣食住行的事,然后提出一个要求:想给自己十五岁的小儿子走个后门,让他到皇宫里当侍卫。

　　赵太后说做父亲的也爱怜他的小儿子吗?触龙点头说是,而且自认为比太后还要疼爱自己的孩子,并说太后最疼爱的是自己的女儿燕后,而不是长安君。太后辩解说最疼爱的是长安君。触龙举例说燕后出嫁的时候,虽然赵太后依依不舍,但是女儿出嫁后,却一直担心女儿被赶回来,这是为女儿的将来做打算,希望她的子孙能够世代做国君。

　　赵太后觉得触龙说得很对,触龙又劝赵太后说,为人父母的疼爱子女,就一定要为他们做长远打算,现在长安君于国家社稷没有功劳,将来凭什么在赵国立足呢?一句话惊醒了梦中人,赵太后爽快地答应让长安君到齐国去做人质,赵国的围也就解了。

　　许多时候,我们劝阻对方,除了避免即将出现的损失和破坏外,还希望能够加深两个人之间的友情。所以,当我们决定给他人进"忠言"的时候,一定要把握好对方的情绪和心理状态,并针对对方当时的心境,采用切实可行的方法,这样才会使良药不苦口、忠言不逆耳。

6. 用替代方案，达到拒绝目的

1995年，为了迎接回国的徐小平等人，俞敏洪撤下原来做移民的加拿大老外，腾出地方，让徐小平入主移民公司。他还确定了新的利益格局，划分地盘，迎接王强等人的归来。最后，俞敏洪咬咬牙，将妻子也撤出新东方。

不过要想说服妻子退出新东方，对于"成功是被老婆吼出来的"俞敏洪来说，显然不是一件简单的事情。于是俞敏洪就使用了一点小技巧。

俞敏洪说：

"新东方走过来这么几个阶段。第一个阶段，我们是一个家族式的企业。但是如果我保持这个机制，现在新东方可能还是一个家族企业，还是我的老婆和我一起干。

"后来我到美国把我的一些朋友请过来，他们过来的第一件事就是迫使我把我的老婆撤出去。为什么呢？如果是我们朋友之间吵架大家可以谅解，但是如果我老婆参与吵架大家是不能忍受的。

"其实要我把思想扭转过来是很难的，如果我把我老婆轰走了，我老婆和我离婚怎么办？所以这里面就有了一个思想上的挑战，解决的办法还是要围绕家庭的环境。所以我想方设法在国外找了一个很好的学习机会，对我老婆说，你出国学习一段时间吧，学习完了之后你还可以回来。后来她学习完了之后就已经不需要她了。"

人际交往是一门学问，想要与别人维持一种良好的人际关系，要掌握一些技巧。比如要学会不伤害别人的拒绝方法。就像上文俞敏洪做的那

样,给妻子一个合理的替换方案,让对方知道你的难处,同时也知道你是在为他着想。

因不想破坏人际关系而顾虑重重,最终没能拒绝别人的请求,相信大家都有这样的经验。尽管体谅对方是十分重要的,但若只是一方一味忍让,这样的关系迟早也会破裂。短时间内也许还好,想要长时间维持良好的关系,学会拒绝是十分必要的。

同样是拒绝的话,由于表达方式的不同,给人的印象也大相径庭。参照俞敏洪的做法,我们也可以先给对方预备一个替代方案。不过,我们还应注意以下几个问题:

第一,先要仔细倾听。

"倾听"首先是一种对他人积极的态度。让对方先有被尊重的感觉,否则,如果不由分说你就表明自己拒绝的立场时,可能会伤害别人,让人觉得你在应付,拒人千里之外。特别是当别人向你提出要求时,他们心中通常也会有某些困扰或担忧,担心你会不会马上拒绝,担心你会不会给他脸色看,所以自尊心就会变得特别敏感。

而且,我们也只有注意倾听他的诉说,请对方把处境与需要讲得更清楚一些,自己才知道能不能帮他,如何帮他。即便是要拒绝,最起码也得有个合适的理由。

如果你的拒绝是因为工作负荷过重,倾听可以让你清楚地界定对方的要求是不是你分内的工作,而且是否包含在自己目前重点工作范围内。或许你仔细听了他的意见后,会发现帮助他有助于提升自己的工作能力与经验,助人也助己。这时候,在兼顾目前工作的原则下,牺牲一点自己的休闲时间来协助对方,对自己的职业生涯是绝对有帮助的。

第二,陈述自己的难处。

每个人都有自己的难处,如果你能够诚恳地陈述自己的理由,让对方相信你确实是无能为力,那么即便帮不上忙,对方想必也不会见怪。这里我们要切记,千万不要盲目答应自己做不到的事情,违反原则的事情更是应当杜绝。

第三，拒绝后给出替代方案。

在听清了对方的请求后，如果我们无法答应对方的要求，那么就可以根据实际情况，向对方提出一些有效建议，用另一种替代的方法去帮助他。例如："这周是不行了，下周的话我可以帮忙。""志愿者活动我胜任不了，捐助可以吗？""很遗憾我无法出席，可以让朋友代替我去。"

如果对方接受了，并且方案有效，那么就同样可以获得对方的好感。就算对方不接受，但对方感受到你的真诚之后，就更能心平气和地接受你的拒绝了。

此外，当我们提供其他替代方案以拒绝对方当时的请求时，要尽可能明确。例如："在这份报告上我不能协助你，但是两个星期后的××一案我可以帮忙。"这相比"这次不行，还是下次吧"之类的话，显然要有诚意得多。

7. 批评，但是不要激发对方的逆反心理

心理学上有一个名词叫做"超限逆反"，意思是指信息反复被盲目滥用时，会产生心理负作用，从而诱发的逆反心态。比如：当孩子偶尔成绩不好，或者偶尔犯了错误时，父母会一次、两次、三次，甚至四次、五次地批评他，使孩子的心理从内疚不安到不耐烦直到最后反感讨厌。如果被"逼急"了，就会出现"我偏要这样"的反抗心理和行为。这其实就是我们常说的"物极必反，过犹不及"。

俞敏洪不赞成老师和家长在教育孩子的时候，过度地批评他们。他在《在绝望中寻找希望》演讲中说道：

"孩子的压力来自高考的时候父母和老师给他的压力，一定要考上名牌大学，而且经常跟其他的孩子比较，人家的孩子怎样怎样，你怎么那么笨。老师在班里排名，说排名后面几位的基本没希望了。中国的教育只鼓励前面一两位，而把后面的全部忘掉。

"真正的教育是把前面的优秀的忘掉，把后面的先鼓励上去。这个排名应该是从 100 分到 95 分，全班都要上北大、清华，这个才算是好的。而不是说前面两三个人保住，后面的学生都不管了。

"其实老师和学生都说你们是'垃圾'，你们是'垃圾'，那他们就想我们是'垃圾'就算了。如果一个漂亮的女孩，你告诉她，她就是一个世界上最难看的，一个人说她，她不相信，如果十个都这样说，她也就会变得无所谓了，我就是难看了。人很容易被激发另外一种反向情绪，中国孩子有一半至少是被激发反向情绪的，这样孩子受的压力很大。"

古人云："好话说三遍，鸡狗不待见。"好话尚且如此，更何况是批评呢？一般来说，对别人直接指责易使其产生抵抗情绪，究其原因就是，相对于别人，人们都更愿意相信自己，更有甚者，可能因为一件或是几件成功的事情，便认为自己是最厉害的，谁都比不上自己。

对于这样的人来说，无论你的意见多具有建设性、建议有多么的合理，他都无动于衷，认为对方是"吹毛求疵"。而且有时候，因为心里矛盾的作祟，别人越不让他做什么，他就偏喜欢干；越不想让他知道的，他就越想知道。

这种情绪变化可以说是人心理发展的一般规律，我们很难去改变他，那么我们就只能尝试改变自己，改变我们批评的方式，化解对方的逆反心理。家庭问题专家桃乐丝·迪克斯说："一个女人可能拥有全天下每一种美德，但是如果她脾气暴躁，喋喋不休，喜欢挑剔和个性孤僻，那么她拥有的其他美德全部等于零了。"批评的方式不对，那么就会产生适得其反的效果。

法兰西国王拿破仑三世的妻子尤琴是世界上最美丽的女人。但是她同时也是最让她的丈夫头疼的人物之一。因为这位皇后经常对丈夫进行无端的挑剔和唠叨，甚至在丈夫正处理国务时，就冲进办公室又哭又闹，威胁辱骂，喋喋不停。拿破仑三世无法在家生活，于是经常深更半夜在亲信的陪伴下到外边鬼混。

大文豪托尔斯泰也同样被这样的家庭问题所困扰，他拥有美丽的妻子，本应是幸福美满的一对。但他的妻子渴求名声、金钱和财富，经常歇斯底里地躺在地上大闹，并用跳井喝药威胁，托尔斯泰每天都要面对妻子喋喋不休的埋怨。直到晚年，托尔斯泰还是一看到妻子就不舒服，一回到家就头疼。最后，他终于无法忍受了，于是在1910年10月28日的那天，他离家出走了，那时候他已经八十多岁了。11天后，他因肺炎死在了阿斯塔波沃车站，临死钱前他留下遗言，要求不让夫人来到身边。

粗暴批评与指责不会产生很好的效果。就以职场为例：一个员工如果

听到的只是上司的恶劣言语,就不会认为这种批评是由衷的指正,相反,他们会觉得这是上司的恶意针对,他们的心中会产生不服和哀怨,这会就使其产生逆反心理而不利于问题的解决。

批评下属掌握方式和时机是必须的,只有这样批评才会更有效果。主要应注意以下几个方面:

第一,批评需要一定的前提。

首先批评和接受批评的双方应该以足够的信任为基础,如果无法取得对方的信赖,即使所持的见解确实言之有物,却依然无法令对方折服。其次,批评者必须有纯正的动机和建设性的意见,在进言之前先要确定自己的言行有助于对方,而且的确能发挥实际效用。有许多批评,经常以"我只是想帮助你"为由,事实上却为了一己之私。

真理并不是任何人所能垄断或独占的,当我们观察别人时,总免不了以个人有限的经验和一己的需求作为衡量的尺度,因此难免失之偏颇。最好办法就是在提出批评之前,先请教第三方,使你的言论更能切合实际,合乎客观。

第二,时机必须适当。

当一个人心平气和较能以客观立场发言时,就是谈话的适当时机。假若你心中充满不平,随时可能大发脾气,那么最好先让自己冷静下来。因为过分情绪化的表现,不仅无济于事,反而有害。

掌握事情发生的时效,在人们记忆犹新的时候提出批评。假如你在事情发生几个月以后才提出来,这时人们的记忆已经模糊,你的批评反而容易使对方留下"偏颇不公"的印象。

第三,用词要恰当。

"你是骗子"、"你太没有信用"等话会刺伤对方。只要评论事实即可,即使是对方没有信用也不能如此当面斥责。此外,千万不要否定部属的将来。"你这人以后不会有多大出息"、"你这样做没有人敢娶你","你实在不行"。领导是不该说出这样的话的。须以事实为根据,就事说事,就部属目前情形而论，不要否定部属的将来。

批评部属有时是不得已而为之的，但该批评时还得批评，只要批评在理，用词恰当，这样的批评方式下属依然会虚心接受。

第六章 委婉——说出的道理要让人听着舒服

8. 先肯定后否定

很多时候，批评一个人，你觉得是为了对方好，但是对方却不领情，结果"好心换来了冷漠，友谊变成了仇恨"。这都是因为批评的话，说得太过于生硬的缘故。正所谓"曲径可以通幽"，有些话不可以直说，当需要指出别人错误的时候，不妨拐一个弯，先从表扬他开始，也许就会有不一样的收获。

俞敏洪在《赢在中国》节目中，一般他评价嘉宾，不会有完全的赞同和完全的否定，他总是先表扬他们的优点，然后再指出他们的缺点，从而使对方更容易接受他的建议。俞敏洪在《赢在中国》节目中点评青岛选手李安时这样说：

"一号选手李安，其实你的商业模式很不错，单纯，而且有市场。因为你从猫砂的产品，最后渗透到猫的其他产品，还有你喜欢的狗，还有其他动物，也就是说你这个产业实际上是可以做大的，你现在也还算是做得比较专注。

"你的问题在什么地方呢？你没有对动物真正的热爱。你是在做一件生意，对生意本身要热爱，对赚钱要热爱，这是不用说的，但是对你做的事情本身更要热爱，这决定你未来是不是能把事情做成功。

"如果说熊总对钱不热爱，就不可能坐在这儿，史玉柱要是对商业不热爱，也不可能坐在这儿。我认为史玉柱是一个纯粹的商业人，他做生意没有心理负担，尤其在他第一次把事情做砸了，后面两次做得如此成功，他是彻底把负担卸掉了，除了遵守国家法律以外，其他的负担他全卸掉了，这是他后来做成生意的最重大的秘诀。

"对于你来说，我觉得向我们三位学习的地方就是，要非常热爱你所做的事情，就是你要全身心地去投入，要有说服力。"

俞敏洪先赞扬了选手的商业模式和专注度，对他的成绩做出了肯定，然后才指出他的缺点，以此来做到"忠言不逆耳"。

美国前总统约翰·卡尔文·柯立芝曾经提出过一个肥皂水效应。大家都知道，理发师给人刮胡子之前，都要先给人涂些肥皂水，为什么？就是为了刮起来使人不觉痛。所以肥皂水效应的意思就是：将批评夹在赞美中。将对他人的批评夹裹在前后肯定的话语之中，减少批评的负面效应，使被批评者愉快地接受对自己的批评。

很多时候，劈头盖脸的一顿批评，并不能让对方认识到错误，相反，可能还会将对方逼入固执的深渊，特别是那种还没有弄清状况的批评，会让对方觉得你就是为了批评而批评，或是故意针对他，从而使得你的威信大减。因此，一个成功的管理者，应当尽量少批评员工，而以积极的肯定鼓励为主。

莫里是美国加州一家卡车经销商的经理，他在日常生活中就很讲究谈话的技巧。一次，公司有位名叫凯西的员工的工作质量及态度每况愈下，公司因为他的行为而遭受了一些损失，也产生了一些不好的影响。

但是莫里并没有对他吼叫或威胁，而是把他叫到办公室里与他坦诚地交谈。他说："凯西，你是个很棒的技工。你在这条生产线工作也有好几年了，你修的车子也都使顾客很满意，有很多人都赞扬你的技术好。可是最近，你完成一件工作所需的时间却加长了，而且质量也比不上你以前的水平。我想你一定知道，我对这种情况不太满意。也许我们可以一起想个办法来纠正这个问题。"

凯西说，他并不知道自己没有尽好职责，并且向莫里保证，他以后一定会改进。事实证明，他做到了这一点。

美国历史上第一个超过百万年薪的著名经理人史考伯说："我认为，

153

我那能够使员工鼓舞起来的能力，是我所拥有的最大资产。而使一个人发挥最大能力的方法，是赞赏和鼓励。再也没有比上司的批评更能抹杀一个人的雄心。我赞成鼓励别人工作，因此我乐于称赞，而讨厌挑错。如果我喜欢什么的话，就是我诚于嘉许，宽于称道。"

批评不能不顾时间、场合以及对方的性格、心理，直截了当、冷言冷语的责骂根本达不到批评的目的。甚至有人即使意识到自己的错误也会被你的态度激怒，从而强词夺理、拂袖而去，弄得不欢而散。

在批评之前，给予对方亲切的言辞和称赞，对建立彼此的友好关系有很大的帮助。首先你必须让对方明白你并非恶意批评，以减少敌意。同时，通过提及对方的好，使对方明白你的批评是很客观的，从而能心甘情愿地接受意见、改进不足。

对于一个企业的管理者来说，在日常的管理中，面对下属平常的缺点、失误以及小错误的时候，应该更多地采取正面鼓励的方式，即使是批评，也要先肯定他们的成绩。这样，就可以把批评的约束功能转化为激励功能。

9. 合理诱导，让对方认识到自己的不足

在现实生活中，如果我们发现了他人的错误，想要指出来，那么最好的办法就是通过巧妙地诱导，让对方自己意识到自己的不足。如果只是一味地强调对方的错误，企图使自己占上风，对方反而会加强防范心。下面是俞敏洪在《赢在中国》节目当中与选手的对话：

俞敏洪：你喝牛奶吗？

温文驰：我喝。

俞敏洪：你能保证牛奶没有经过奶牛乳房炎的感染吗？

温文驰：我现在不能保证。

俞敏洪：你刚才说，奶牛乳房炎是常见的复杂的病，你又不能保证，那你怎么敢喝这个牛奶？

温文驰：是这样的，它的危害没有那么严重，奶牛乳房炎影响的牛奶，不是说里面有细菌。

俞敏洪：就是说可以继续喝，是吧？

温文驰：可以继续喝，只不过它的营养成分可能不如优质的奶好。另外它可能有抗生素，抗生素喝了是死不了人的。

俞敏洪：我再问你一个问题，你现在换成中药，中药有五六个配方，你怎么能保证这个药的配方，必然比抗生素更加对人没有害处？你认为在中国用中药的方式治疗奶牛乳房炎，是很成熟的技术和结果，对不对？意味着在此之前，一定有人用中药治过了奶牛乳房炎。

温文驰：是的。

俞敏洪：为什么说你的技术必然比别人的技术在治疗奶牛乳房炎方面更加有效，你有秘方，是不是？

温文驰：我的专家有一些配方，他们在前几年研究的时候，拿这个配方去治疗奶牛乳房炎都有效果，临床的效果非常确切。

俞敏洪：你现在的股份是90%，公司总经理的股份是10%，意味着你的顶级专家团队，不管是有几个人，他们在这里实际没有得到公司未来可能的利益期待，你现在怎样把这些专家团队给守住？

温文驰：俞老师这个问题很好，首先我不是把这90%的股份拿着不放。我拿着90%股份是为了将来分给其他的专家。为什么现在还没给，除了我的总经理，其他的专家我还需要观察，技术工作是需要一步一步看的。

俞敏洪：也就是说你现在的专家团队，你可能认为还不是顶级团队，还不是终生依赖的团队。当这些成员所掌握的核心技术和核心配方是必不可少的时候，你肯定要先锁住总经理，锁住这个团队。就像我做生意的思路，我肯定要把最优秀的老师锁住。不管你的总经理多么能干，如果你的专家团队不能忠心耿耿跟你干的话，你是锁不住的。

在这段对话中，俞敏洪通过一个个提问，巧妙地将话题引导到自己希望的方面上来。在谈话中，巧问是诱导的关键环节。只要问得好，就能牵住对方的思维，进而将对方引入自己预设的方案中，让对方自相矛盾、言行相悖，最终使其自愿放弃错误，心悦诚服地接受你的意见。

比如，俞敏洪认为要留住人才，就要让他们得到"公司未来可能的利益期待"，如果没有，那就只有两个可能，一是"你可能认为还不是顶级团队，还不是终生依赖的团队"，第二点是公司的利益分配不合理。而在前面，俞敏洪已经引导温文驰说出，自己的专家团队是世界一流的，所以答案只能是第二个，这个公司的利益分配是不合理的。

一个精于诱导的人，就是要善于发现问题，并主动发问，只有这样才能掌控谈话的全局。其次，在谈话中，向对方提出什么问题，主要在于提

问者的目的。毫无目的的提问,在沟通中也是毫无意义的。所以我们一定要掌握以下几种提问的方式:

第一,要更好地发挥提问的作用,提问之前的思考、准备是十分必要的。诸如:我要问什么?对方会有什么反应?能否达到我的目的?

第二,提出的问题要能引起对方的注意,并能诱导对方的思考方向。而要引起对方的注意,所提出的问题必须有一定的分量;要诱导对方的思考方向,所提出的问题必须要有一定的计划性。

第三,进行明确的提问。要使所提问题容易被对方理解和回答,就要避免提出过于复杂与冗长的问题。有些人总喜欢把几个问题糅合在一起,使提问复杂化。结果由于太过烦琐,从而让对方感到厌烦,他们也很难集中精力去仔细听清这类问题。所以,提问应尽量做到简单、明确。

第四,提问题一定要有针对性,并做到具体明确,这样才可能得到对方明确的回答。同时,在措辞上一定要慎重,不能刺伤对方、为难对方,也不要引起对方的焦虑与担心。

诱导口才是非常讲究技巧的,每步诱导中,对方会怎样讲,可能有几种讲法,怎样随机应变,都要有预料。这样才能使自己的诱导不变成"哑炮",一个人唱独角戏。要使自己的诱导能引出对方的话,开启其思路,就要预作通盘打算。

登山之路,迂回曲折,多绕了一点路,却能顺利到达山顶。以诱导技巧指出对方的错误,尽管多费一点口舌,但能使对方心悦诚服。这些口舌费得有价值。运用"循循善诱"的说话技巧,从理论上讲,符合心理学的基本规律,从实践中看,只要运用得恰当巧妙,就能取得理想的效果。

第六章　委婉——说出的道理要让人听着舒服

第七章
生动——用"鲜活"的语言征服别人

1. 少讲道理，多说故事

讲大道理，这是一般人的说话之道。殊不知，大道理讲多了，也会引起别人的反感。大的道理我们每个人都懂，一旦你的言语中所呈现的那些公式化的大道理过于繁多，听者的激情就会消退，觉得枯燥无味了。

真正会说话的人一般都会将道理讲得更生动，比如说将道理隐藏在故事当中，一个好故事可以抵得上长时间的长篇大论。《圣经》能在西方深入人心，靠的就是里面一个个生动的故事。在日常沟通中，在话语里加入故事能引人思考，调动每个人大脑里本来就有的思维记忆，建立心理共鸣。俞敏洪的演讲之所以能够一直充满魅力，也在于他经常借助讲故事来表现自己的思想。

俞敏洪在同济大学作《不要以你的现状来判断你的未来》演讲中说道：

"我们生命中总要去追寻一种经历，有的时候我们觉得人连条鱼都不如。因为我在加拿大的时候，我看过加拿大三文鱼回流，每次它回流产卵的时候，我总会发现生命及其壮观，鱼卵产在沙子里会被其他动物吃掉很多。第二年春天的时候剩下的鱼卵会变成小鱼，小鱼会顺流而下，流到湖里，而在湖里又会被其他鱼类吃掉一些。一年后，长大的鱼会顺着大河奔入海洋，然后绕太平洋一周，每四年一个循环。

"如果三文鱼就在海洋中待着不回到湖里产卵，它就不会死，但它是受到内心的召唤集中在河口开始往前游，一旦游进河的时候就再也不吃任何东西拼命地往前游，然后游到目的地开始配对产卵，产好后就双双死亡。你会看到成千上万的红色死鱼漂在河上，而老鹰和黑熊就在边上等着。

"我看了后特别感动，一条小小的三文鱼也知道，生的使命是不能放弃。那我们人生的使命呢，比如父母为我们献出了青春财富，把你养育成人。而我们未来变成父母后也是一样。我们孩子的成长就是你的使命，而我们其他的使命感，如何让自己活得更加幸福，如何帮助别人，让这个社会变得更加有意义。为什么宗教人士会活得相对简单，因为他们灌输了一种使命感。而连一条鱼都经历了小溪流、湖泊、大海，它尝到了淡水的清香和海水的苦涩，完成了生命的周期。如果我们这一辈子都没有苦涩，没有幸福和甜美，那生命是很遗憾的。"

使命这个话题原本是沉重而枯燥的，但是俞敏洪却用一个三文鱼的故事，将这个命题变得生动起来，从而将听众的情绪带入其中，让大家在不知不觉中被它感动，被它洗礼。

没有人愿意花时间去听一番死气沉沉的大道理，在演讲中引用一些小故事是避免空洞、求得认同的最有效的办法。

诺贝尔文学奖获得者莫言就是一个擅长"讲故事的人"，在诺贝尔颁奖礼上，他将自己的故事融入到演讲中，穿插了大量他对母亲、亲戚、家乡的叙述和回忆，其中的爱与痛令在场之人无不为之动容。

而美国总统奥巴马的口才更是少有人能及，他在演讲中总是能自如地引用一些发生在自己身上的事例或是他人身边的小故事，来增强言辞的可感性。

美国总统奥巴马在发表国情咨文，阐述第二任期施政重点和对国家前景的设想时，讲了两个人的故事。一个是一位被枪杀的15岁的芝加哥少女，另一位是一个102岁的老奶奶。

奥巴马动情地说，在遇害前一周，佩德尔顿还在自己的总统就职典礼上参加演出，她是一位可爱的啦啦队员，正在读高二，爱吃夹心曲奇爱涂唇蜜。没想到一周后，她在芝加哥一处公园中弹身亡。

161

奥巴马接着又讲述了一位 102 岁的老奶奶的故事。美国举行大选时，这位家住佛罗里达迈阿密的老奶奶不顾年老体弱，坚持排队 6 小时才投上一票。由于年老体衰，队伍里的年轻人轮流搀扶着她，当她完成投票后，人群中一片欢呼。奥巴马说，在他的眼里，这位老奶奶正是所有美国人的榜样。

在演讲中不时地穿插个故事来吸引听众，这就是"奥巴马式演讲"。他不仅仅只是为了讲故事而讲故事，而是巧妙地用故事引出自己的观点。人们不喜欢总是听到理论，却往往喜欢听别人讲故事，这是很简单的道理，因为故事比纯粹的理论更生动，更有趣，也更感染人。

无论一场演讲的基调是悲壮的还是欢快的，在此间适当地穿插一个个小故事，都能有效地将现场气氛做些转变，令人置身其中，感同身受。如果故事的本意是煽情的，那么放在演讲中，就会让演讲的内容更加感人；如果故事的本意是活泼的，那么不仅能调动现场气氛，更能让听者听起来如沐春风，清新自然。

著名作家吉卜林在向英国一个政治团体发表演说时这样说道：

"主席，各位女士先生们：我年轻时，曾在印度当记者，专门替一家报社报道犯罪新闻。这是很有趣的一项工作，因为它使我认识了一些骗子、拐骗公款者、谋杀犯，以及一些极有进取精神的正人君子。

"我记得有一个人，因为谋杀而被判无期徒刑。他是位聪明、说话温和有条理的家伙，他把他的'生活的教训'告诉我。他说：'以我本人作例子：一个人一旦做了不诚实的事，就难以自拔，一件接一件不诚实的事一直做下去。直到最后，他会发现，他必须把某人除掉，才能使自己恢复正直。'哈，目前的内阁正是这种情况。"

这一番话引起了台下听众的一片欢呼。

吉卜林没有平板地陈述记忆中的旧闻旧事，而是围绕准备进入的政治话题讲述了一些近乎怪诞的趣事，从而建立起自己和听众的沟通点和兴趣点。

会讲故事其实本就是一种才华，如果我们能将之运用到说话的方式中，那么定然会得到他人的喜爱。

2. 将自己经历过的事情讲得很动听

说话是一门语言艺术，它对语言的基本要求除了准确、通俗之外，还要求要生动。所谓生动是指充满生气与活力，能够吸引人和感动人。然而，现实中不少人的语言表达或艰涩干瘪或呆滞空泛，让别人听了只会感到枯燥乏味，究其原因就是缺乏生动感。

如何才能让演讲的语言生动起来呢？其实我们可以将自己的经历代入说话中，从而让语言变得更加真实，也更加富有感情。俞敏洪就是这么做的。

俞敏洪在《新东方留学咖啡》节目中说道：

"在国外碰见人家跟我打招呼很亲切，结果回到国内我也学，我跟不认识的人一打招呼，把人家吓着，你干吗？这个国外的东西也不能瞎搬回来，这是另外一个问题。

"其实你刚才说的话题我可以接着讲一句，我在国外走的时间多了以后，学会了不自觉地跟人说'你好'、'再见'、'你今天好吗？'这样的比较亲切的语言。

"有的时候我发现，比如说我进出海关或者跟某个人打招呼的时候，确实对方有点吃惊，而且常常有不理我的情况出现。那么后来我就给自己定了一个标准，不管对方理不理我，我都要说。理由很简单，我不能因为对方不理我，我就不说了。这样的话我也变成一个冷漠的人，这就很糟糕。因为文化是通过像传染病一样不断地传播才形成一个气氛的，是一种感染，一种氛围。"

在这段讲话中,俞敏洪就为我们讲述了自己的经历,给我们生动地描述出了一幅有趣的场景,从而让我们听得更有意义,也更愿意听下去。

卡耐基曾经说过:"在精采的演讲中,你所讲的内容,一定要跟你经历的事、你读过的书、你听到的话有关,谈你自己熟悉而确信的东西,演讲就不会失败。"

日常生活中,如若我们想要讲话说得能打动人心,不妨现身说法,用你自己亲身经历的遭遇为例,来对他人进行讲解或劝导,以增加可信度,从而达到说服对方的目的。

奥巴马曾在弗吉尼亚州阿林顿郡韦克菲尔德中学开学典礼上发表了一个演讲。在演讲中,他以自己儿时的经历现身说法,希望学生们以他走过的弯路为鉴,教育学生们要好好读书:

"当然,我明白,读好书并不总是件容易的事。我知道你们中的许多人在生活中面临着各种各样的问题,很难把精力集中在专心读书之上。

"我知道你们的感受。我父亲在我两岁时就离开了家庭,是母亲一人将我们拉扯大,有时她付不起账单,有时我们得不到其他孩子们都有的东西,有时我会想,假如父亲在该多好,有时我会感到孤独无助,与周围的环境格格不入。

"因此我并不总是能专心学习,我做过许多自己觉得丢脸的事情,也惹出过许多不该惹的麻烦,我的生活岌岌可危,随时可能急转直下。

"但我很幸运。我在许多事上都得到了重来的机会,我得到了去大学读法学院、实现自己梦想的机会。我的妻子——现在得叫她第一夫人米歇尔·奥巴马了——也有着相似的人生故事,她的父母都没读过大学,也没有什么财产,但他们和她都辛勤工作,好让她有机会去这个国家最优秀的学校读书。

"你们中有些人可能没有这些有利条件,或许你的生活中没有能为你提供帮助和支持的长辈,或许你的某个家长没有工作、经济拮据,或许你住的社区不那么安全,或许你认识一些会对你产生不良影响的朋友,等等。

"但归根结底，这些不是你不好好读书的借口。你的未来，并不取决于你现在的生活有多好或多坏。没有人为你编排好你的命运，在美国，你的命运由你自己书写，你的未来由你自己掌握。"

现身说法的讲话方式在人际交往中颇为常见，例如在赵本山小品《卖拐》中，赵本山对范伟说："拄上拐之后，你的两条腿逐渐就平衡了，一点一点也就好了。我当初，一个老头看出我腿有病，她（小品中的'老婆'）就心疼钱，不让我看病，最后，残了。"

这个现身说法的事例令范伟无比动容，于是更加愿意与他谈论，直到后来不顾别人劝阻心甘情愿地买了这双于自己并无何用的拐。虽然小品以娱乐为"主料"，但同时也说明这种现身说法的谈话方式对于人际关系的重要作用。

现身说法的表达方式之所以能如此容易走进他人的心里，是因为它使两人站在了同一问题点上，就如同两个老朋友坐在一起讲述自己的经历、见闻、感受等，这种推心置腹的感觉令双方不由放下心理芥蒂，相互之间变得亲切自然，无话不谈。

3. 恰当运用比喻，提升语言魅力

比喻可以称得上是说话的神奇魔棒，它深入浅出，能把抽象的道理具体化，把概念的东西形象化。比喻有着化腐朽为神奇的巧妙功效，所以灵活地运用比喻，能让我们的言语更加生动形象，酣畅淋漓，对听者也更富有感染力。

俞敏洪就曾经做过这样的比喻：

"（新东方的成功）光靠我一个人不行的，新东方的成功来自于一批人的个人魅力，我唯一做到的就是把这批人笼络在一起变成一个团队——新东方的团队，典型的是每个人的个性不一样。我有一个比喻，新东方每个人都是一颗珍珠，我愿意做把珍珠串起来的线，非常耐磨，有自我修复功能，这条线（在）这些珠子中不值钱，但是能把大家串起来，变成美丽的项链。

"新东方每个人都是一颗珍珠，但是在串成项链以后，价值会倍增。现在我愿意变成这么一根线，实际上我也正在做这个工作。线必须坚固耐磨，不管被什么磨都不能断，也就是说我的忍耐力和承受力、宽容度必须是极大的。只要这根线不断，新东方珍珠项链还会再长。所以我觉得我只要做好这根线就行了。"

将新东方的成员比做闪亮的珍珠，将自己比作平凡的线，这一番妙喻可谓是既生动又有趣，既赞扬了那些珍珠，同时还凸显了自己的重要性，将语言的艺术发挥到了极致。

日本有位著名的助选参谋饭岛清，素有"选举之神"的美称，候选人能聘到他做助选参谋，就一定能高票当选。他曾经说过："候选人如果懂得比喻的技巧，选举就会比较顺利！"并举出了两段话来作比较：

"最近物价一再上升，在这种动摇的世界经济之下，我曾经具体地去研究原因，以谋求流通机构的合理化……我要以最有效的措施来为选民们服务……"

"物价上涨的原因有很多，就以黄瓜来说，是由中间商从很远的乡下买来，经过整理、装袋，才会到我们手里，因为中间要经过许多的商人……"

两句都是说明流通机构，但后者显然要比前者更容易懂。前者所使用的词句太抽象，听起来会让人觉得莫名其妙。因为听不懂，就会产生不安，而不想接受。至于后者，因为举出了大家耳熟能详的黄瓜，听的人脑海中自然能产生明确的形象，进而安心地听下去。

在现实交际中，有时话锋不能太露，应该有所隐藏。但为达到交际目的，也不能吞吞吐吐，意思还得表达出来。比喻在这时可以派上用场。

战国时期著名思想家庄周，有一次他到好朋友监河侯那里去借粮食。监河侯对他说："我正要出城收租，等我收租回来，再借你三百两银子吧。"说完，就要动身上路。庄周就请监河侯坐下陪自己喝一杯茶再走，监河侯点头应允。

庄周一面喝茶，一面对监河侯说："昨天，我在离家来你处的路上，听到有呼救的声音。于是四处张望，却并没有看到有什么异样的情况。最后，在路旁的一道干水沟里我发现一条快要死的小鱼，在那里张大嘴呼救呢。于是我问它：'小鱼呀小鱼，你从哪里来，怎么变成这个样子呢？'小鱼回答我说：'我从东海来，现在快要干死了，你能不能给我一桶水，救我一命呢？'我回答它说：'要水吗？这好办，你等着，我去见越国和吴国的大王，请他们设法堵住西江的水，然后把西江的水引来迎接你回东海，好吗？'小鱼听了很生气地说：'我在这干水沟里快要干死了，只要一小桶水就能活下去。照你的打算，等到西江水引来的时候，我早变成鱼

干了。'"

监河侯听了庄周的话,立刻明白了他的意思,赶忙吩咐家人,给庄周拿出了满满的一袋粮食。

庄子虽然一开始被拒绝,却并未斥责朋友的冷淡,也未哀求,而是以讲故事的方式巧妙比喻,让监河侯自己去领会言外之意,顺利借到了粮食。

巧妙运用比喻,能给语言涂上一层绚丽色彩,增加讲话的形象性、生动性和感染性,让语言更精彩。用好比喻需要注意以下几个问题:

第一,有共通性。

比喻一般由本体、喻体和喻词三部分组成。本体是被比喻的事物;喻体是用来做比的事物或对象;喻词则是标明比喻关系的词语,如"好像"、"恰似"、"像……一样"等。

比喻的本体和喻体必须是完全不同、但又有极相似之处的两种事物。属性相同的事物,难以激发人们的联想,没有比喻的意义;而没有相似之处的事物,根本不具有可比性,也不能用来比喻。比如,有些人写文章长而空洞,就像"懒婆娘的裹脚布,又臭又长"。这里,又臭又长,就是烂文章与裹脚布的共通性。

第二,要通俗易懂。

喻体要浅显,生动具体,与听众的生活非常贴近,只有这样才能让人更容易理解和接受。有些人爱卖弄学识,总是做一些生僻的比喻,结果别人听不出来,这样一来,尴尬的还是自己。

第三,要自然贴切。

比喻是增加语言色彩的好方法,但比喻不是越多越好,不能为了比喻而比喻,不能出于猎奇而矫揉造作、故弄玄虚。比喻应有创造性、不能老用那些已经为人熟知的比喻。不自然的比喻,不但不能为讲话添彩,反而会让听众反感。

4. 说话内容有新意才吸引人

老生常谈的事情，听在谁耳朵里，都难免磨出茧子，扰人兴致，让人不禁昏昏欲睡，惹人反感。言语是人与人之间沟通的主要手段，沉闷老旧的话题只会让交流的气氛显得沉重乏力，而新奇能够引起他人兴趣的话题，却可以调动起大家的积极性，活跃气氛，促使彼此的交流更加顺畅。

一个人如果懂得为言语增加新意，那么说出的话就一定能吸引人。我们看到大多数成功的演讲者之所以能吸引听众，就在于他们演讲时时不时地会出现一些新奇的句子或词语，打破了一贯沉闷的演讲步骤，让听众耳目一新。

2006年11月8日，主题为《创意·创新·创造》的中国经营报企业竞争力年会在北京饭店举行。在会议上，俞敏洪这样说：

"如果说有一点新意的话语，好像中国2000多年的教育没有上过市，所以新东方是第一家中国的以教育为内容的上市公司。美国有很多的教育领域上市公司，但是没有外语类的培训上市公司。

"他们有第二语言，包括中文也是，他们不强迫一定要像中国学英语的角度。所以新东方上市以后，CNC广播说，一个人靠教英语就可以上市，那么如果这样，全美国应该是一个最大的上市公司。但是中国来了这样一个家伙，叫俞敏洪，把新东方这样一个东西带到上市公司来了。"

俞敏洪认为干什么都要有新意，说话也不例外，"比如说以电视机为例，没有电视的时候，到有黑白电视了，大家非常地兴奋，因为黑白电视使人们能够通过图像看到这个世界；人们更加希望看见真实的色彩，所以

有了彩色电视；有彩色电视的时候，希望看到更大的屏幕，所以有了大屏幕出现；当有了大屏幕以后，发现这个东西搬来搬去不方便，所以有了很薄的等离子出现。"

我们总是需要迎合着人们内心的需求来创新，别人都已经是等离子了，你还是黑白机，那不是死定了。产品要"新"，别人才愿意买，说话也要"新"，别人才愿意听，才喜欢听。

有一位国王，做了一个奇怪的梦，梦见自己所有的牙齿都掉了。于是梦醒之后，他召来一位智者来解释梦里的现象。有一位大臣说："陛下，您太不幸了，每掉一颗牙齿，就意味着将会有一位亲人离您而去。"国王听了非常愤怒，下令责打了他一百大板。

过了一会儿，国王又让另外一位大臣来解释梦里的征兆。那位大臣认真听完后，对国王说："尊敬的陛下，您真幸福呀！这是个吉祥的梦，意味着您会比您的亲人长寿。"国王高兴得眉飞色舞，令人重赏这位大臣一百金币。

这位大臣走出宫殿时，就有人很纳闷地对他说："您对梦的解释其实同第一位大臣是一个意思，为什么他要挨100大板，而您得到100个金币呢？"大臣语重心长地说："很简单，这是因为我说话的方式不同啊。那位智者只知道用比较生硬的话去解释，自然要挨板子。而我却用了一个比较新鲜的说法让国王感到高兴，自然受到了重赏。"

有新意的语言是智慧的体现。一个真正的会说话者会根据倾听对象的不同而作出新奇而又合理的解释，既不违背事实，又不会伤害到别人的感情。这一点，也是智者和愚者的区别所在。

古人曾有诗云："绿阴不减来时路，更添黄鹂四五声。"在映入眼帘的满目绿景之中，又传来黄鹂的欢快叫声，那么就会别有一番情调，更能吸引人心。同理，如果我们能在平实的言谈中，巧妙地渗入一些新的东西，就能使我们的言谈充分体现迷人魅力和积极影响。

林语堂先生在任教期间，一直深受学生们的爱戴和敬仰，跟随林语堂先生，永远是轻松愉快的。

林先生从不要求自己的学生死记硬背，上课用的课本也不固定，通常上课的主题是从报纸杂志上选来的，谓之"新闻文选"，生动有趣，令学生们不由自主地参与其中，津津细听。

林先生不会像老套路一般去死死地讲解什么，而是用类似之意来相互比较。比如他讲"笑"，他会引出"大笑"、"微笑"、"痴笑"、"假笑"等多种笑来比较，让学生们不为枯燥而困乏疲惫，反而举一涉三，受益匪浅，大感兴趣。

很多先生习惯在学生面前摆出一副严谨庄重的架势，常装腔做调，以显示自己的威信。然而林先生从不习惯正襟危坐，他常笑语连篇，或在讲台上踱来踱去，或靠在讲台前，或干脆一屁股坐在讲台上，或坐在椅子上讲，有时甚至将脚架在讲台上，俨然颠覆一位神圣的老师形象。但同学们很是喜欢这样的林先生，不知何时，又会冒出千奇百怪的新内容。所以，在林先生的课堂上，不需要严肃与恭敬或特别地聚精会神，因为学生的注意力从未愿意离开他那张口若悬河的嘴。

说话有新意，一是为了让自己说出的话有价值，二是为了话题有魅力。就像世界上没有两片完全相同的树叶，大自然也不喜欢雷同与重复。当然，要让内容有新意，也必然会有许多的方法。但首先要有自己真实的个性和积极的自我意识，要有敢于标新立异的凝聚意识。一个人如果不能发现和发挥自己的与众不同之处，不敢表现真实的自我，那就不可能用自己的语言表达自己的思想感情，不可能推陈出新。

因此，如果我们不想让自己的演讲俗套、死板，那么做事和说话的时候就应该不断创新，这样你的话题才会引人入胜。

5. 说话巧用典故，会有出其不意的效果

人们在说话的时候，尤其是写作的时候，常常引用典故，以此来增强语言的表现力和说服力。叙述中使用典故，可以使作品熠熠生辉；议论中引述典故，可以使论证强劲有力。

说话中运用典故，不仅会让说出的话鲜明形象，不失生动有趣，而且典故中的一些道理因为本来就是众所周知的，所以还具有很高的权威性。因此，如果在演讲或者谈话过程中能巧妙地运用典故去说理，可能会收到良好的效果。俞敏洪就经常在自己的讲话中运用一个个名人典故，以增强说服力。

在《挣脱生命的束缚》的演讲中他这样说道："如果说一般人的生命奋斗过程就足以令人感动，那另外一种人的成功更加震撼人心，那就是摆脱了身体残疾的束缚而创造出奇迹的人，因为他们常常做到了连正常人都做不到的事情。海伦·凯勒从小失聪失明，但最后写出了令人颤抖的美丽文字，贝多芬在失聪之后谱写了第九交响曲，霍金坐在轮椅上通过手指的动作写出了《时间简史》，司马迁在遭受宫刑之后完成了《史记》。这些人的伟大成就没有一个不是在摆脱了身体残疾的束缚之后，放飞了自己强大的精神力量。"

而在俞敏洪《不要以你的现状来判断你的未来》的演讲中则有这样一段话："人生总是要有份期待，哪怕是没有希望的期待。同学们可以想一下我们历史上有很多人物，比如说姜太公在河边钓鱼，到了80岁那一年，周文王在他边上走过，发现这个老头用直的鱼竿钓鱼，跟他一聊便发现这个老头很有智慧,所以把他带回去,两人一起打下了周朝的天下。齐白石同志在50岁的时候还在做木工,根本不是个伟大的画家,他的所有伟大的作品都是在80岁到90岁的时候完成的。所以生命总有这样的现象,有的人在年轻的时有作为,有的人中年时有作为,有的人老年时有作为。"

在上述两段话中,俞敏洪都恰到好处地借用古人、古事来说明今人、今事,从而使演讲更加有说服力,也更加生动。在一些公众场合,如果要想让自己的话达到深入人心的效果,就应该学着添加一些大家所熟知的并且所喜欢的典故。这样总会比枯燥的论述更吸引人。

比如说马云就曾说过这样一段话:"经历很大失败、很大挫折的人,那真正的是这辈子没白过,又有成功、又有失败。除非你是赵云,《三国演义》里最伟大的是赵云,七十二岁的时候,身上一点伤疤都没有,从来不败。万军之中取上将人头,打进打出,身上都没伤疤。七十二岁的时候,那才不得了,诸葛亮让他进,让他退,让他打仗,可以一枪把对方刺死,他说不要一枪刺死,追三十米,从后面就刺死了。"

这篇讲话是马云在点评公司员工的业绩时所发表的演讲,我们可以看到,马云是在运用《三国演义》中赵云的例子来激励员工,要有永不懈怠的工作干劲。

所谓的"经典"都是人类长期积累起来的经验、智慧和文化的精髓,蕴含着丰富的思想内涵,与今人今事又有相通之处。在与人交谈时,如果能巧妙地引经据典,不但能有效地说服他人,还能使你的谈吐更加动人。

很多时候要想说服别人,只靠自己不一定能达到目的。因为对方既然与你争论,就是不相信你的见解。但你要是能够借助经典故事,证明自己的说法不只是自己的看法,而是已经经过实践检验的真理,对方就可能会被你说服了。

三国时的刘备有位甘夫人,天生丽质,加之肌肤白若霜雪,令刘备十分陶醉,连亡命途中,刘备也与甘夫人时刻不离。后来,有个河南人献给刘备一个精巧的玉人,高三尺,栩栩如生,光彩照人。刘备爱不释手,于是常常一边拥

抱着甘夫人，一边玩味着玉人。如此一来，国事倒成为次要的了。

这可急坏了甘夫人。她想，刘备要是一味这样下去，复兴汉室基业何以成功呢？但又不好直言。后来，甘夫人终于从玉人本身触发起灵感，想到了春秋时代"子罕不以玉为宝"的典故，于是以此为谏词，借古讽今，说服刘备：

"古代宋人得以玉石，献给宋国的正卿子罕。可是子罕不但不接受，连看都不看一眼。献玉的人说：'此玉给玉工鉴别过，是一块稀世之宝，故而才敢奉献给你。'子罕却说：'我平生以不贪为宝贵，你是以玉为宝贵，若是将玉赠送给我，那么，你我都丢失了宝贝。你丢掉的是宝玉，我丢掉的是廉洁这块宝。'所以子罕不以玉为宝，在春秋时代传为佳话。"

正当刘备听得津津有味之时，甘夫人又说："现在曹操、东吴都未消灭，陛下你却以一块玉石玩乎股掌，你可知道，凡是淫、惑必生变，千万不可长此以往啊！"

甘夫人用讲述典故的方式将自己的一番忠言表达了出来，使刘备明白了她讲典故的用意，头脑也因此清醒起来，于是幡然改过，励精图治。

在日常生活中，我们经常可以在书中看到一些很有说服力的典故。如果能在说话时加以运用，便可以使你的谈吐更加妙趣横生。你只需注意"经"和"典"必须紧扣你的论题，就能使你的谈吐更有说服力和感染力。

1935年，在巴黎大学的博士论文答辩现场，法国主考人曾经向年轻的中国学者陆侃如提出一个奇怪的问题："《孔雀东南飞》这首诗里，为什么不说孔雀西北飞？"陆侃如这样答道："西北有高楼！"主考官本来是故意试问，但是陆侃如却巧妙地运用《古诗十九首》里的名诗"西北有高楼，上与浮云齐"来回答，孔雀飞不过去，就是因为西北有高楼挡着了。这个典故运用得实为巧妙。

总之，我们在与他人交流沟通时，如果能利用一切可以利用的技巧，来使自己的言谈更深入人心，就能让谈话起到事半功倍的效果。尤其是能恰到好处地运用一下典故，那么你说的话就会变得寓意无穷。

6. 阅读丰富素材，充实谈话内容

俞敏洪说："凡是读书多的人，发展潜力一定是强的，因为你有厚度，你的事业就有高度。新东方有一句话：'底蕴的厚度决定着事业的高度。'什么叫底蕴？底蕴就是你读了多少书，走了多少路，这就是底蕴。"写文章讲究"读书破万卷，下笔如有神"。说话其实和写文章是同一个道理，只有自己看的东西多了，才能够妙语连珠，说出有水平、有见解的话。

正所谓"工欲善其事，必先利其器。"一个胸无点墨的人，是不能做到在谈话中应对自如、侃侃而谈的。想和别人谈得愉快、顺畅，肚子里得有"货"。很多时候不是你不知道说什么，而是缺乏某方面的认知。正如俞敏洪所说的："书都没读过，你怎么会有思想？书都没读过，你怎么能从多个视角来考虑问题？书都没读过，你怎么能有创新意识？书都没读过，你怎么知道仰望星空？"

俞敏洪在四川农业大学演讲时说：

"在大学除了读专业书籍，还有就是要广泛地读书。文科的读理科，理科的读文科。哲学史、科学史、文学史、生物史，然后是社会学、地理学、心理学、政治学、经济学，还有所有的随笔、散文、诗歌，大家都得去读。

"读书其实很简单，一个星期读两本书是轻轻松松的事情，毕竟要你精读的书很少。大学要读多少才算大学毕业生呢？同学们至少要读400本以上。梅贻琦曾经说过一句话：'所谓大学者，非谓有大楼之谓也，有大师之谓也。'一个大学如果有伟大的老师，这个大学的学生必然伟大。

俞敏洪的说话之道

"但是我还想再说一下，大学非为有大楼之谓也，而是读书变成大学问之大雅。好像一张纸上写满了字，不管写多少字，就只是一张纸，薄薄的。但是，如果你读了大量的书，你就会变成一本书，厚厚的，让人一看就很厚重，让人一看就有学识，让人一看就愿意觉得你是值得交往的人。

"所以说，同学们一定要多读书。我在北大读了800多本书，新东方还有一个极端的人物，就是我的班长王强老师，他在大学的时候读了1500多本书。我们在北大的时候有一个非常好的习惯，我们互相比着读书。"

俞敏洪的演讲激励许许多多的人，之所以有这么一副好口才，正是因为他读了很多的书。拥有了深厚的知识积累和高雅的涵养，自然就能提升口才水平。当年诸葛亮一出山后便能舌战群儒，就是因为他曾在隆中苦读十多载。渊博的知识、睿智的头脑来源于平时一点一滴的学习和积累。一个人要想真正提高自己的演讲与口才能力，就必须尽可能做到读万卷书，识万般理。

古希腊著名演说家狄摩西尼斯亲笔抄写修西迪斯的历史著作达八次之多；著名演说家福克斯每天都高声朗诵莎士比亚的著作，以使他的演讲风格更加完善；英国桂冠诗人丹尼生每天研究《圣经》；大文豪托尔斯泰把《新约福音》读了一遍又一遍，最后可以长篇背诵。

美国总统林肯之所以能够获得如此大的成就，与他强大的演说能力是分不开的，而他的口才却得益于阅读。他能把布朗特、拜伦、柏思斯的诗集整本背诵出来。后来他进入白宫，内战的沉重负担耗费了他的精力，磨难在他的脸上刻下深深的皱纹。但他仍然忙里偷闲地拿本英国诗人胡德的诗集躺在床上翻阅。有时候他在深夜醒来，不经意地翻开这本诗集时，会意外地发现特别启示他或令他感到高兴的一些诗句。

想扩展谈话内容，想让普普通通的交谈变得绘声绘色有魅力，就必须让自己的头脑接受书籍的熏陶。读书可以增长知识、开阔眼界，从而丰富谈资。当你"读书破万卷"的时候，自然能做到"开口如有神"。

苏秦是我国战国时期一位有名的纵横家，他就是依靠自己的口才为各国的君主出谋划策。但是，苏秦并不是一开始就是成功的。他曾经拜师鬼谷子，学成出师之后，他先后去游说过周王、秦王，但是都失败了。随后，苏秦很落魄地回到了家里，受到了亲戚朋友，甚至包括自己父母的冷遇。

受到的刺激越大苏秦越是不想轻易服输，于是他痛下决心，一定要争一口气。从此以后，他发愤读书，钻研兵法，天天学习到深夜。有时候读书读到半夜，又累又困，他就用锥子扎自己的大腿，虽然很疼，有时候都刺出血了，但是这样一扎，精神却来了，他就接着读下去。就这样用了一年多的功夫，苏秦掌握了比过去更加丰富的知识。

公元前334年开始，他到六国去游说，宣传"合纵"的主张，结果他成功了。第二年，六国诸侯订立了合纵的联盟。苏秦挂了六国的相印，成了显赫的人物。

苏秦以三寸不烂之舌抵挡百万雄兵，成为了一个"前无古人、后无来者"的英雄。从苏秦的例子中，我们不难看出，好的口才是建立在深厚的学识基础之上的，如果脱离了这个根本，那么口才就会成为"无源之水、无本之木"。

准确、缜密的语言，头头是道，能够说服人；清新、优美的语言，饱含激情，能够打动人；幽默、机智的语言，妙趣横生，能够感染人。而这些都来源于长年累月的深厚积累。所以，要想有好的口才，首先就要丰富自己的内涵，提高自己的学识修养。只有这样，才能够口吐莲花，妙语连珠，倾倒众人。

正所谓"腹有诗书气自华"。知识面足够宽广，自然就会有一股莫名的气质，这股气质来源于自信，有了自信，自然也就为好口才奠定了基础。否则，就算再伶牙俐齿，技巧掌握得再多，也是无法说服别人的。

7. 富有哲理的语言让人铭记不忘

"上帝制造人类的时候就把我们制造成不完美的人，我们一辈子努力的过程就是使自己变得更加完美的过程，我们的一切美德都来自于克服自身缺点的奋斗。"这是俞敏洪在某次演讲中所说的一句话，虽然简洁，但是却蕴含哲理，让人印象深刻。

俞敏洪的演讲之所以深受欢迎，很大一部分原因，就是他的语言总是富含哲理，让人听了能够有所感触，下面便是节选于他演讲中的几段话：

"光有奋斗精神是不够的，还需要脚踏实地一步一步地去做。要先分析自己的现状，分析自己现在处于什么位置，到底具备什么样的能力，这也是一种科学精神。你给自己定了目标，你还要知道怎么样去一步一步地实现这个目标。从某种意义上说，树立具体目标和脚踏实地地去做同等重要。"

"有些人一生没有辉煌，并不是因为他们不能辉煌，而是因为他们的头脑中没有闪过辉煌的念头，或者不知道应该如何辉煌。"

"谁说'机会面前，人人平等'？新东方相信，个人奋斗制胜、攫取成功的精神财产将永远贫富不均。在浩瀚的生命之岸，你应该自豪地告诉世界，你追求过，你奋斗过，你为辉煌的人生从来没有放弃过希望，从来没有停止过拼搏。而这个造就了万物的世界也将自豪而欣慰地回答你：只要奋斗不息，人生终将辉煌。"

"在我们的生活中最让人感动的日子总是那些一心一意为了一个目标而努力奋斗的日子，哪怕是为了一个卑微的目标而奋斗也是值得我们骄傲的，因为无数卑微的目标积累起来可能就是一个伟大的成就。金字塔也是由每一块石头累积而成的，每一块石头都是很简单的，而金字塔却是宏伟而永恒的。"

日常交谈中，人们爱听那些富有哲理的话语，因为它给人凝练、深远的美，令人回味，发人深省。因此，一个优秀的演说家，他应该能够将深刻的道理寓于具体事实，亦或是平凡的言语当中。只会干巴巴的说教的人，往往使听者感到乏味。

谈话中运用哲理性语言，可以达到精辟、深邃和简练的效果，可以使自己的言辞更有力量。清代林则徐清正廉洁，生平不置恒产。有人劝他要积些钱财，使子孙将来的生活有所依仗。林则徐说："子孙若如我，留钱做什么？子孙不如我，留钱做什么？"这里，林则徐仅用了20个字，以哲理性箴言的形式代替了冗繁的语言。

有时候为了引导对方认识某个道理，需借助某一个类似的事物加以说明和描述，能把抽象的道理说得具体，能把深奥的哲理讲得浅显，能把生疏的事物说得熟悉。古代先贤们就经常就运用这种寓理于事的方法，将深刻的道理寓于具体事实之中，运用生动典型的事例阐明事理，增强语言的魅力。

公仪休是春秋时期鲁国的宰相，他德才兼备。他喜欢吃鱼，人们知道了他的这一嗜好后，便争先恐后地买鱼送给他。而公仪休则一概不收，原封未动地都退了回去。公仪休的弟子见此情况，感到很奇怪，就问他："你这么喜欢吃鱼，可人们送鱼给你，你却一条鱼也不收，这是为什么呢？"

公仪休回答道："正因为我喜欢吃鱼，所以我不收人家的鱼。如果我收人家的鱼，拿人家的手软，吃人家的嘴软；我手软嘴软，就无法公正地执行国家的法律；无法公正地执行国家的法律，就无法保住自己的相位；无法保住自己的相位，到时人们不再送鱼给我，我自己又无法抓到鱼，所以即使我喜欢吃鱼还是吃不到鱼。如果我不收人家的鱼，那么我可以保住

自己的相位；保住了自己的相位，我反而可以长久地吃到鱼。"

公仪休的这番话，使用了辩证推理的方法。由喜欢吃鱼，得到了拒鱼的结论；而接受人家送鱼，反而导致无法吃到鱼的结果。由这几个相互矛盾的命题中，选出了一个最佳命题，那就是"不收鱼，却能长久地吃到鱼"。这样说具有极强的感染力，能让人印象深刻，同时也更容易理解自己的想法。

一个人的话题是否含有哲理，常常也标志着说话者思维的敏捷性。那么怎样才能使我们的语言更具有哲理呢？

第一，一语惊人型。

话一出口使人一惊，却惊而无险，出人意料，却在情理之中，是这类哲理性语言的特点。例如，罗梭说"有人可能100岁时走向坟墓，但他生下来就已经死亡"，话中"活了100岁"与"生下来就已经死亡"是一个大矛盾，然而矛盾的背后却潜藏着深刻的思想。

第二，借喻型。

这一类型的语言往往说出最平常的事，然而这些事情一经提示，变成了很耐人寻味的东西。如爱默生说："站在山的旁边，就看不到山。"歌德说："光线充足的地方，影子也特别黑。"等等。他们说的都是现实中极普通的事实，然而一经他们提示，这些事实就起了奇妙的变化，使人从中领悟到很多东西。

第三，忠告型。

这类哲理性语言，常使人在善意中感到亲切，在亲切中领悟道理。例如，"如果你考虑两遍再说，那你一定说得比原来好一倍"，"如果一个人不知道他要驶向哪个码头，那么任何风都不会是顺风"，"从伟大到可笑，只有一步之遥"等。

第四，总结型。

这类语言明显的特征是归纳经验。例如，"常常迟疑不决的人，常常找不到最好的答案"，"财富往往像海水，你喝得越多，就越感到渴"等。

第八章
谦卑——说得越低调地位越显高

1. 有一种口才叫谦虚

俞敏洪说:"每个人生活都不容易,当你对别人谦虚随和的时候,一般来说都能获得别人谦虚随和的回报。"谦虚是一种美德,与人交谈最忌自吹自擂不知天高地厚,不同的时间、不同的环境、不同的氛围,用谦虚的方式与人说话,不仅会受人尊重,而且还能养成以人为尊的好习惯。

俞敏洪在《人的一生是奋斗的一生》的演讲说道:

"有一个故事说,能够到达金字塔顶端的只有两种动物,一是雄鹰,靠自己的天赋和翅膀飞了上去。我们这儿有很多雄鹰式的人物,很多同学学习不需要太努力就能达到高峰。很多同学后来可能很轻松地就能在北大毕业以后进入哈佛、耶鲁、牛津、剑桥这样的名牌大学继续深造。有很多同学身上充满了天赋,不需要学习就有这样的才能。比如说我刚才提到的我的班长王强,他的模仿能力就是超群的,到任何一个地方,听任何一句话,听一遍后模仿出来的绝对不会有两样。所以他在北大广播站当播音员当了整整四年。我每天听着他的声音,心头咬牙切齿,充满仇恨。所以,有天赋的人就像雄鹰。

"但是,大家也都知道,有另外一种动物,也到了金字塔的顶端,那就是蜗牛。蜗牛肯定只能是爬上去,从底下爬到上面可能要一个月、两个月,甚至一年、两年。在金字塔顶端,人们确实找到了蜗牛的痕迹。我相信蜗牛绝对不会一帆风顺地爬上去,一定会掉下来,再爬,掉下来,再爬。但是,同学们所要知道的是,蜗牛只要爬到金字塔顶端,它眼中所看到的世界，它收获的成就，跟雄鹰是一模一样的。

"所以，也许我们在座的同学有的是雄鹰，有的是蜗牛。我在北大的时候，包括到今天为止，我一直认为我是一只蜗牛。我一直在爬，也许还没有爬到金字塔的顶端。但是只要你在爬，就足以给自己留下令生命感动的日子。"

俞敏洪用蜗牛和雄鹰的故事，把他的下属比作雄鹰，却谦虚地把自己比作是蜗牛，这样既赞美了那些"雄鹰"一样的天才员工，同时也激励了"蜗牛"般的普通员工，同时还拉近了与大家的距离。他这样的谦虚态度是很值得我们去学习的。

美国著名政治家帕金斯30岁那年就任芝加哥大学校长，有人怀疑他那么年轻是不是能胜任大学校长的职位。他知道后只说了一句："一个30岁的人所知道的是那么少，需要依赖他的助手兼代理校长的地方是那么的多。"就这么短短一句话，使那些原来怀疑他的人一下子就放心了。

谦虚不仅是人们应该具备的美德，从某种意义上说，谦虚也是获胜的力量。趾高气扬、高谈阔论、锋芒毕露、咄咄逼人，这些无礼的态度都很容易挫伤对方的自尊心，引起对方反感的情绪，以致筑起对方防范的心墙，从而导致自己的被动。

1860年，林肯作为美国共和党候选人参加总统竞选，他的对手是大富翁道格拉斯。

当时，道格拉斯租用了一辆豪华富丽的竞选列车，车后安放了一门大炮，每到一站，就鸣炮30响，加上乐队奏乐，气派不凡，声势之大，史无前例。道格拉斯得意洋洋地对大家说："我要让林肯这个乡下佬闻闻我的贵族气味。"

林肯面对此情此景，一点也不在乎，他照样买票乘车，每到一站，就登上朋友们为他准备的耕田的马拉车，发表这样的竞选演说："有许多人写信问我有多少财产。其实我只有一个妻子和三个儿子，不过他们都是无

第八章　谦卑——说得越低调地位越显高

价之宝。此外，我还租有一个办公室，室内有办公桌子一张，椅子三把，墙角还有一个大书架，架上的书值得我们每个人一读。我自己既穷又瘦，脸也很长，又不会发福，我实在没什么可以依靠的，唯一可信赖的就是你们。"

选举结果大出格道拉斯所料，竟是林肯获胜，被选为美国总统。原因就是林肯的谦虚亲切，让人们对他心生好感，而格道拉斯的傲慢则让人产生了厌恶。

爱出疯头的人有很多，往往善于滔滔雄辩，从不在口头上输于人。只是这种说话风格，不仅会让人心底顿生排斥，而且还会让听者觉得此人自大自满，进而远离。正所谓"自谦则人必服，自夸则人必疑"，一个真正有能力的领袖是不会自吹自擂的，他们不需要用这种方式来证明自己比别人强。

苏格拉底曾说"谦虚是藏于土中甜美的根，所有崇高的美德由此发芽生长。"我国有"满招损，谦受益"的古训，更有如毛泽东所说"谦虚使人进步"等夸奖谦虚的至理名言。

古今中外的先贤们一直教导我们要"谦虚为怀"，尤其是在与他人沟通时，一定要虚心听取不同的意见。即便当我们需要向他人澄清事实时，也要在充分尊重对方的前提下提出自己的见解供其参考，不要盛气凌人，最后弄得他人无所适从。

据说有一次，郭沫若以鲁迅先生的"俯首甘为孺子牛"为引，说道："鲁迅先生愿做一头为人民服务的'牛'，我呢？愿做这头'牛'的尾巴，为人民服务的'尾巴'。"

没有想到矛盾先生听了这话，也笑着说道："那我就做'牛尾巴'的'毛'吧！它可以帮助'牛'把吸血的'大头苍蝇'和'蚊子'扫掉。"

这两位文学巨匠，一个自喻为"牛尾巴"，一个自喻为"牛尾巴"的"毛"，可谓是谦虚至极，也幽默至极。

谦虚之所以受到尊崇，就因为它是做人的美德及事业成功的法宝。如果我们每个人都能学习谦虚的说话风格与谦虚的说话态度，那么我们自然就会有好人缘，而且在前进的路上，会避开许多因为言语不当而造成的阻碍。

第八章 谦卑——说得越低调地位越显高

2. 主角也可以少说

有人说:"喋喋不休的人,像一只漏水的船,每一位乘客都想尽快逃离它。"有的人喜欢夸夸其谈,却不知道这样最惹人生厌,其实真正会说话的人常常都是把很多话放在心里的,这样既是对别人的尊重,也显示出了自己的谦虚。说话的艺术,就如同演奏竖琴,以手按弦停止振动,是与拨弄乐音同样重要的事。

俞敏洪在《大学生报考公务员的利与弊》一文中说道:

"新入职的公务员在工作的起步阶段,一定要尽可能服从组织安排,不要怕苦怕累。因为很多时候,第一印象很重要。一旦让领导感觉你是一个懒惰的新人,基本上在未来的工作中不大可能获得信任。

"另外,切忌不要在背后谈论机关事务的合理性或同事的隐私,领导最讨厌在机关内做'背后评论'的同事。其实归结起来就是一句话:'少说话,多做事。'进入机关之后,不必要在众人面前刻意讨好领导,其实很多时候,踏踏实实做好本职工作就可以了,切勿有'画蛇添足'之举。"

"少说话,多做事"是俞敏洪对于刚进入机关的大学生的忠告,但它其实也适用于所有刚进入职场的人。

一个人进入职场,许多时候并不意味着他已被这个组织的群体所接纳,还必须面对领导与同事的种种考察。只有大家在心里真正接受了你,你才能得到大家热情的帮助和照顾。而要得到这种心理上的认同,新人就必须谦虚谨慎,少说为佳。

作为一个职场新人,许多人往往是雄心勃勃,自视很高,有种不服管教的意味。但其实在其他人眼中,你还没有成为单位既定的人际圈子内的人,还没有资格发言。这个时候,如果你轻易地发表与众不同的见解,即使见解再高明,也会招致别人的排斥和反感。

此外,每进一个进入职场的新人,都会给原来的老员工带来一种威胁感,无形中竞争对手就多了一个。特别是当你还颇具实力的时候,就更是如此。有时候,你甚至会让上司感到放心不下,让他觉得要是不压制你,你就很可能抢走他的位置。所以,新人最好还是低姿态做人,处处谦虚,处处谨慎,逐渐解除他们的敌意。

"为什么人有两只眼睛,两个耳朵,却只有一张嘴?就是让你多看、多听、多想,而少说两句。"这是一句名言,多看、多听、多想就能多学到东西,多说只会多错,还不如不说,反而让人看不出深浅,从而对你刮目相看。

比如说,在谈判的时候,恰当的沉默,能达到意想不到的效果。因为沉默,在为己方创造了回味的余地同时,也让对方变得浮躁。这就是短暂沉默的交替变化所引起的奇妙心理反应。

一位印刷商得知有一家公司要购买他的一台印刷机,感到非常高兴。因为他正好有一台旧的印刷机要出售,他仔细核算了一下,认为价格要是不低于80万元出售,自己就不算亏本。可是他又觉得这个价格对方不会接受,于是就很苦恼。

谈判的时候,印刷商一再叮嘱自己要沉住气,不能先说价格,看一看对方的出价,如果可以话,就适当地降低价格。没想到这样一来,买主开始沉不住气了,他开始滔滔不绝地挑剔这台器。然而对这个挑剔的压价术,印刷商仍然一语不发,保持沉默。买主终于按捺不住,从心理上败下阵来,说:"这样吧!我付100万元,但一个子儿也不能多给了。"这比印刷商当时自己估算的价格要高出了许多,于是他欣喜万分地拍板成交了。

这样的故事在发明大王爱迪生身上也发生过。当年他发明了发报机之后,因为不熟悉行情,不知道能卖多少钱。于是他就与妻子商量。他妻子

第八章 谦卑——说得越低调地位越显高

说卖2万美元。但爱迪生觉得2万美元太多了，结果在与对方谈判的时候就很犹豫，没想到对方还以为他约了另外的买家，对此次交易不感兴趣，于是直接把价格抬到了10万美元。

在上述的例子中，爱迪生若是滔滔不绝地与对方商讨价格，那么他最多也就只能拿到两万美元了。由此可见，古人说的"言多必失"、"言多反而自显其陋"并不是没有道理的。有些人对于什么事都爱发表意见，但说了却又说不到点子上，只能是暴露自己的幼稚无知，让别人觉得冒"傻气儿"。更严重的是那些大大咧咧、口不择言的人，不知道什么时候就会说出得罪人的话还不自知。

真正会说话的人，他们往往都会尽量少说话，即便是要说，也是先竖起耳朵敏锐地接受周围的信息，了解别人的看法，以及人与人之间的关系状况如何，把情况摸清楚之后，这才开口。

过多地表明自己的观点、处处发言，往往被认为是"目中无人"的表现。而这种人自然不会受到别人的欢迎。所以在现实生活中，我们要尊敬别人，要谦虚谨慎。你越是表现的姿态低，你就越容易被别人接受，你也就越容易使自己的事业取得成功，而低姿态并不会损毁你半分的能力。

3. 不与人争辩

富兰克林说:"如果你老是争辩、反驳,也许能偶尔获胜,但那是空洞的胜利,因为那样你永远也得不到对方的好感。"

争论是件进退两难的事情,假如你输了,那你就是输了,颜面无存;假如你赢了,你还是输了。因为你让对方变得没有颜面,而你也不会赢得别人的好感。同时你争论的目的是想证明对方是错误的,而你越努力想要争辩,对方反而会越相信自己是正确的。几乎所有的争论,都使双方在争论过程更加坚信自己是对的,不管表面上是否占了上风。总之,争论都是两败俱伤的事情,永远没有赢家。

俞敏洪向来以脾气温和著称,新东方的团队里很多人发生争吵的时候,矛头多是指向俞敏洪,不管冤枉不冤枉他都听着,不会当面跟争吵者起冲突。所以俞敏洪在新东方有一个了不起的纪录,就是他从来没有跟人当面发生过冲突。

他曾经这样说过:"如果我以一种非常强硬的姿态出现在新东方人的面前,那新东方早就散架了。原因非常简单,新东方人都是知识分子,而且都是自恃清高的知识分子,知识分子最不能忍受的就是自尊心和尊严受到伤害,言语之间有的时候直截了当,他们都不能接受。"

俞敏洪总是会避开冲突,等争吵者脾气发过以后再去沟通。这是一种高明的沟通艺术,因为到了那个时候,争吵的人都已冷静下来,是对是错,也就很容易辨别出来了。这也就是为什么俞敏洪能把一批个性迥异的精英人才凝聚在自己身边的真正原因。

俞敏洪的这种性格曾经一度被人认为是"软弱"、"和稀泥"。但是，也正是这种宽容的风度和胸怀，使他亲和平易，也使他在矛盾纠纷中有转圜退让的余地，能化干戈为玉帛。

任何人都倾向于相信自己已经相信的事物，而不希望别人来加以反对。凡是有人对我们表示反对的时候，我们一定要找寻许多的方法、许多的理由来辩证保护。所以，你在说话的时候，如果一开始就说"你这个不对"、"你那个不对"，决非是聪明的办法。因为你的听众，一定将因此认为你好像在对他们作近于挑战的训话了。

人与人之间的争辩一旦陷入情绪化，就会失去理智，甚至口不择言，到后面就渐渐演变成人身和人格的攻击。所以才有人说："用争夺的方法，你永远得不到满足；但用让步的方法，你可能得到比你期望的更多。"

"战胜"对方最好的办法就是避免争论。我们在面对争论即将到来的时候，首先要克服自己的情绪，建立高水准的自尊，对人做到"低压力"，适当地作出让步，欲擒故纵，同时语调温和，让对方自己意识到错误，才是以柔克刚的大智。

美国众议院著名发言人萨姆·雷伯曾说："如果你想与人融洽相处，那就多多附和别人吧。"他这番话并不是说要你必须同意别人所说的一切，而是让人们友好相处。无休止地激恼别人和争执会影响彼此之间的沟通和交流，想要融洽相处，就要避免争吵。

"服务员！服务员！"餐馆里一位顾客高声喊着，指着桌上的饮料，十分愤怒地说，"你们这是什么破餐馆！给我上的竟然是坏牛奶！看看，看看！我的红茶都被你们毁了！"

服务员愣了一下，继而换上微笑："先生，真是对不起，我现在马上给您换一杯。"

新红茶很快就送上来了，跟前面的一模一样，碟子边上放着牛乳和新鲜的柠檬。那个服务员轻轻地将它放在顾客桌子上，又温柔地对顾客说："先生，我是不是可以给您一个小小的提示，如果您放柠檬的话，最好不要加牛奶，因为有时候柠檬酸会造成牛奶结块。我猜想您一时忘记了，就提醒下您。祝您愉快。"服务员说完就离开了。

这位顾客的脸"噌"地一下红了，迅速喝完了饮料，匆匆付账离开。

旁边的顾客就问这位服务员："刚刚明明是他的错，他不懂得怎么喝，又那么粗鲁地高声叫你，你为什么不给他点颜色看看，还用这么温声细语地礼貌待他？"

这位服务员笑了，说："正是因为他粗鲁，所以要以柔克刚，用礼貌而温婉的方式对他。也正是因为道理一说就明白，所以就更用不着跟他大声吵闹啊。"

顾客们都连连点头表示赞同。此后这家餐馆的生意一直很好。

卡耐基说过"避免争论就如果避免响尾蛇和地震一样"。避免无谓的争论，需要有虚怀若谷的心态，也要有良好的自控能力。而我国有句古话也说"天下事，何时了；有些事，不了了；一定了，不得了"。郑板桥的四字箴言"难得糊涂"是可贵的处世之道，很多事情都是在不了了之之中变得完美和睦，我们又何必去做那个死缠烂打的人呢？

争强好胜不能真正解决问题，只会使矛盾加深，引发更麻烦的争论。而我们能避免并且用一颗宽容的心化解了它，这才是真正的赢家。

尤其当遇到蛮横不讲理的人时，或者为了显摆自己而处处和人争执的人，我们更要避免和他们争吵。林肯曾说："宁可给一条狗让路，也比和它争吵而被它咬一口好。被它咬了一口，即使把狗杀掉，也无济于事。"在非原则问题上避免和他们发生冲突，否则只能浪费我们的口舌、时间和精力。

4. 闻过则喜，接受他人的批评

在生活中，被领导或者是朋友批评，是一件常事。但善于接受批评的人并不多，冷静地思考批评的人更不多，大多数人一旦遭遇批评，第一反应就是争辩、反击。但其实此时我们真正用得上的"口才"是沉默，是欣然接受别人的批评。接受批评是一种智慧，特别是在你并没有多大的错，或根本没有错时，还能冷静地接受批评，更是一种素养。

俞敏洪曾经说过，自己经营新东方这些年，最大的收获就是来自朋友们的批评。新东方的创业元老王强、徐小平，是俞敏洪在北大期间的同学和老师，他们在新东方依然以朋友的身份对待俞敏洪，并不把他当老板和校长看待。

俞敏洪曾经如此调侃："他们根本不怕我，只要觉得我做得不对就劈头盖脸、毫不留情地责斥我。他们的痛骂让我看到了自己的缺点。他们不会骂我的优点，他们不会说俞敏洪你太真诚了，以后虚伪一点；他们也不会说，俞敏洪你太慷慨了，以后不要请我们吃饭了。他们会说俞敏洪你太落后了，没有现代化管理理念，会说你这件事做得太小家子气了，以后要做得更到位一点。"

这些批评让俞敏洪充分意识到了改正缺点、自我纠正的重要性。因为，如果不自我纠正，很可能会失去朋友的信任；如果不改，甚至会阻碍新东方的发展。在朋友们的"耳提面命"之下，俞敏洪学会了用严厉和冷酷的态度修正自我，以"管理自己"的方式"感召他人"。

俞敏洪曾说："在新东方，没有任何人把我当领导看，没有任何人会因为我犯了错误而放过我。在无数场合下，我都难堪到了无地自容的地步，我无数次后悔把这些精英人物召集到新东方来，又无数次因新东方有这么一大批出色的人才而骄傲。因为这些人的到来，我明显地进步了，新东方明显地进步了。"

俗话说"树不修不成材，玉不琢不成器"。从这个意义上讲，批评就是帮我们砍掉自身多余的"枝条"，使我们能够茁壮成长；批评我们就是帮我们改正身上的缺点和毛病，从而把我们"雕琢"成一块有价值的玉器。

一般来说，批评都是和缺点、错误联系在一起的，而这些往往是在工作和生活中暴露或反映出来的，但"当局者迷、旁观者清"，自己往往没有完全意识到或没有真正意识到问题的严重性。在这种情况下，别人能够及时给予批评帮助，无异于一针"清醒剂"，有利于自己保持清醒头脑，并及时改正自身存在的问题。否则，就有可能会由小错变成大错，以至摔了"跟头"、吃了苦头而悔之晚矣。

这就像是一位企业家所说："如果一个员工听不到批评的声音，就应该好好反思自己了。一种情况可能是你工作干出了成绩，上司不批评你而是想表扬你；另一种情况是说明你已无药可救了，不批评你是因为你失去了批评的价值了。"

由此可见，挨批评不一定是坏事，而是上司对你的关心和期望，是一种引领人生走向成功的福音。受到批评较多，一方面说明你干的工作多，受到锻炼、培养和增长才干的机会也越多；一方面也说明，你还有很多的瑕疵，还有很大的可以进步的空间。

通用汽车公司发展史上有两位重要人物，他们对批评所持的不同看法和做法，给通用公司的发展分别带来了不同的重大影响。

一位是威廉·杜兰特，杜兰特是一个"独裁"的人，他喜欢那些同意他观点的人，而且永远不会宽恕当众顶撞他的人。所以在他领导下的通用汽车公司从来都没有反对者，没有任何一个人会对他的决定做出反对意

见。但这种局面也仅仅维持了四年。四年之后，通用汽车公司就出现了危机，杜兰特也不得不充满遗憾地离开了通用。

另一位对通用公司有重大影响的人是艾尔弗雷德·斯隆，他先是杜兰特的助手，后来成为杜兰特的继任者。他目睹过杜兰特所犯的错误，同时也修正了这些错误。他认为没有一贯正确的人，在作出决策之前，必须向别人征求意见。他会在各种具体问题产生时阐明自己的观点，同时也鼓励批评和发表不同的观点，这使他取得极大的成功。

对今天的领导者来说，从这件事中引以为戒的是要正确看待组织内的不同观点和批评。不要为表面的"一致"所蒙蔽，更不要人为地营造"一致"的现象。总之，任何一个人的认识能力都是有限的，一个人的意见也不可能永远正确。而鼓励批评和不同观点正是弥补一个人不足的最佳方案，只要协调合理，沟通及时，批评会为组织的成功铺垫基础。

善于接受批评的人就像是沙里淘金的能手，他能够忍得住双手被尖硬的石粒划破的疼痛，从中找到对自己最有价值的东西。高手甚至可以从对手的攻击和漫骂中找出自己的不足或者得到某种灵感。为此，我们要善待批评。时常自查自纠，做到反省思错、知错即改、闻错必纠，从而使自己不断成长进步。

5. 适当做出妥协

有人说:"生活就是一门妥协的艺术,适时的妥协,可以挽回一段感情,亲情,友情……"其实仔细想想,生活中有哪些冲突不可以避免呢?兄弟倪墙,夫妻反目,同事朋友间的事事非非,十有八九是鸡毛蒜皮的小事引起的。

人与人原本没有差别,之所以到后来成就事业有较大差距,就是因为许多人只知有进,不知有退,不会或是不够主动接受妥协艺术。古往今来,凡是成大事的伟人,无不有着常人不具备的妥协艺术。一点委屈也受不了,一步也不会退让的人,是成不了大器的。

新东方这些年来的风风雨雨,包括杜子华、胡敏等的相继加入和离开,俞敏洪被外界诟病为一个"最不懂管理之人"。对此,俞敏洪不但没有暴跳如雷,反而欣然接受,表现得像一个谦谦君子。

俞敏洪好脾气是出了名的,有一次俞敏洪在学校巡视,结果听到一个在老师在上课的时候说:"俞敏洪?管理?管理厕所还差不多。"而听到这些的俞敏洪既不恼,也不怒,更不会将该老师开除。他只是将脑袋缩回去,当没事似的再去巡视其他的课堂。

许多人都说俞敏洪管理上的最大缺陷就是心太软,就连他自己也说:"管理最重要的就是令行禁止、说一不二,可是我做不到。我对我的管理团队所犯的错误一再容忍,最后实在容忍不下去了,觉得他的能力实在达不到他所在的位置,我也会想方设法帮他换位置。其实我也有果断的一

面,当我认准一个事情,我会坚韧不拔地去做;但另外一方面,在处理日常事务时,我又非常的宽容。大多数在我身边工作的人,感觉还是很舒服的。他们有时候也会感觉我在和稀泥,明明觉得那个人不行,却还在那个位置上待着。"

这种"和稀泥"的方式,其实是一种合理的妥协,俞敏洪正是用这种温和的管理方式,来换取一个团结的新东方。用俞敏洪的话说,"新东方每一个人都是活火山",正是因为他的妥协和"和稀泥"才没有分崩离析。

人与人之间的妥协,是一种谦让、一种大度、一种宽容和一种情怀,也是生活的一种智谋、一种策略、一种技巧,是一种生活的润滑剂。妥协的分寸如果把握好了,一切问题都会迎刃而解。退一步,海阔天空;让三分,心平气和。这就是人生学会妥协的大道理。

好多人都会不自觉地把妥协看成是投降,认为妥协就是放弃、认输,妥协就是丧失原则,其实二者是两码事。妥协是指在发生争执或斗争时,一方或双方为了达到某种目的,迫于压力而让步;而投降则是指彻底放弃抵抗或归顺对方。可见,妥协是有条件的让步,更是保护己方利益的手段。

人与人之间并非都是较量,更多的应该是合作。避开别人的锋芒,并不是软弱和妥协,而是因为你比他看得更远。现在吃一些亏,却能促成将来更重要的合作,聪明的人都会认同这种做法。

短视的人在利益面前都不肯吃亏、都不肯让一步,后来反目成仇了,双方都搞得很不开心,结果是大打出手。而有远见的人,知道吃了利益上的亏没关系,只要人情在,以后见面还是朋友,就还有合作赚钱的机会。

有人问李嘉诚的儿子李泽楷:"你父亲教了你一些怎样成功赚钱的秘诀吗?"李泽楷说,赚钱的方法他父亲什么也没有教,只教了他一些为人的道理。李嘉诚曾经这样跟儿子说,他和别人合作,假如他拿七分合理,八分也可以,那么拿六分就可以了。李嘉诚的意思是,让一步,吃点亏,但可以争取更多人愿意与他合作。

李嘉诚一生与很多人进行过或长期或短期的合作，分手的时候，他总是愿意让一步，自己少分一点钱。正是由于李嘉诚这种愿意吃亏的风度，才有人乐于与他合作，他也就越做越大。不能不说，李嘉诚是一个很有远见的人。

不懂得妥协，总想着与人争高下，这会让朋友变成敌人。只有站在更高的角度，比别人看的更远、想的更多，把眼前的得失视为镜中花、水中月，才能争取到将来的合作，收获更精彩的双赢局面。因此，选准时机运用以退为进的战术，才不失为取胜的一种策略。

乔丹正是因为他谦让的气度，加上他那高超的球技赢得了对手的尊重。当年乔丹在公牛队时，皮彭是最有希望超越乔丹的新秀，他时常流露出一种对乔丹不屑一顾的神情，还经常说乔丹在某方面不如自己，自己一定会把乔丹推倒一类的话。但乔丹没有把皮彭当作潜在的威胁而排挤，反而对皮彭处处加以鼓励。

有一天，乔丹问皮彭："我们两个的三分球谁的好？"皮彭有点不高兴地回答："你明知故问，当然是你。"但乔丹微笑着说："不，是你！你投三分球的动作规范自然，很有天赋，以后一定会投得更好，而我投三分球还有很多弱点。"乔丹还对他说："我扣篮多用右手，习惯地用左手帮一下，而你左右都行。"这一细节连皮彭自己都不知道。渐渐地，皮彭开始为乔丹的无私所感动。

因为乔丹的宽容，从那以后，皮彭和乔丹成了最好的朋友，皮彭也成了公牛队 17 场比赛得分首次超过乔丹的球员。而乔丹这种无私的品质为公牛队注入了强大的凝聚力，使公牛队创造了多个神话。

让步是一种必要的投资，也是朋友交往的必要前提。生活中，人们对处处抢先、占小便宜的人一般没有什么好感。占便宜的人首先在做人上就吃了大亏，因为他已经处处抢先，从来不为别人考虑，眼睛总是盯着他看好的利益，迫不及待地跳出来占有它。他周围的人对他很反感，合作几个

来回就再也不想与他继续合作了。

　　不管你是做老板也好，还是做合作伙伴也罢，旁边的人跟着你有好日子过、有奔头，他才会一心一意与你合作，跟着你干。

6. 说的同时，不要忽略行动的力量

俞敏洪说："行动比语言更具有说服力。"有的人默默无闻地工作，从来不表达自己，但是却让人从他执着的行动中感受到其人格的伟大；有的人没做之前便表达一番，听其言让人感动，但在实际行动中却发现其言行并不一致，这种人最终大家会对他失望。因此，好口才不仅要会说，还要有行动。

俞敏洪在四川农业大学演讲时说：

"我庆幸我是一个喜欢为别人服务的人。比如说，从小到大，因为我的成绩不好，又希望老师表扬我，所以我就老在班上打扫卫生，结果就一直做我们班的卫生代表；进了北大以后，卫生不用我打扫了，教室有别人打扫，但我发现宿舍没有人打扫，那就我打扫吧，还打水，所以我们宿舍基本上没排什么卫生值日表。

"我大学毕业的时候，也没有同学说你真伟大，为我们打水、扫地这么多年！但是，十年以后，有些事情就体现出来了。新东方做到一定程度，我觉得应该找一些我的好朋友、大学同学跟我一起做新东方。我知道，要把他们弄回来是很不容易的，但是，他们不回来东方肯定做不大。后来，他们说了一番话我特别感动。他们说，在大学四年，知道你一直是个好人，知道你是一个可靠的人，也知道你有饭吃的时候，我们肯定不会喝粥，你有粥喝的时候，我们肯定不会饿死。最后，大家就一起回来了，新东方就做大了。"

俞敏洪之所以深得同学们的信任，并不是因为他说了什么，而是因为

大学期间,四年如一日的行为,让人明白了他是一个可靠的人,从而愿意追随他。在我们周围的生活中,有好多的人都是光喊口号不做事,说得天花乱坠,我会对你怎么样怎么样,但是当真正要做的时候,才知道是空的。

子贡曾问孔子:"君子是德行有所成就的人。为学之人,如何用功才能达到这样的境界呢?"孔子说:"一般人常常嘴上说的太多,行动上却很有限。如果还没做到就先说出来,言行就不容易相符,怎么能成为君子呢?真正的君子,凡事都身体力行,亲自实践。比如君臣父子兄友弟恭之道,仁义礼智之德,凡是口中准备说的,必先一一实践于行动之中,没有一丝毫的亏欠。然后以自己的亲身体验讲给人听,所发的议论,都是由自己的行动总结而来,没有半句空话。因此,行动常在言语之前,言语常在行动之后,这就是实实在在的君子。"

下面我们可以论证一下为什么"做"比"说"成功:

首先,古往今来,所有的事情都不是靠说成功的,而是靠做才成功的。若将世间万事比作打井,那么"说"最多只是打井者站上一个位点,向外宣称自己要凿井的鸿图壮志而已;而"做"便是之后漫长艰辛却实实在在的开凿。这正如伟大的文学家、思想家、革命家鲁迅说过:"空谈之类,是谈不久、也谈不出什么来的,它始终被事实的镜子照出原形,拖出尾巴而去。"

其次,"说"要以"做"为支撑。孔子曰:"先行其言,而后从之。"意思是:先去实践自己想要说的话,等到真的做到了以后才把它说出来。因为光说不做,此人就会被周围的人们认为是人品上有问题,就会厌恶他;相反,做好了事而自己不说,则是会受人好评,获人尊重,会认为是踏实厚道。

由此可见,没有"做","说"就会变成空谈;没有"说","做"照样可以大行其道,成为"实干",更多的时候反而会受到人们的欢迎。

牛顿正是有了无数次物理实验的操作,才得出了《自然哲学的数学原理》的奠基大作；马丁·路德·金也正是因为倾注毕生心血于非暴力黑人民权运动，这才有了《我有一个梦想》的著名演说；卡斯特罗同样是因为一轮又一轮反独裁运动的实践，才有了《历史将宣判我无罪》的著名辩护词。

"做"为我们的"说"提供了雄辩的资本，没有实践即没有真实的语言。如若没有做，有多少人类的杰作就不会产生，即便出现也将不复存在，有多少人类的进步将归于零点。

最后，"做"是"说"的最终目标与理想归宿，"做"才是意义所在。纸上谈兵的故事大家都知道，赵国名将赵奢之子赵括，年轻时学兵法，谈起兵事来父亲也难不倒他。后来他接替廉颇为赵将，在长平之战中，只知道根据兵书办，不知道变通，结果被秦军大败。学习兵法的最终目的是为了实践，就算是说得再好，如果不用于实践的话，又能有什么作用呢？

一切理论的目的都是为了实践，如果抛开实践，理论就没有存在的意义了。比如，我国古代许多文人，他们饱读诗书，满腹经纶，但是却都有"学成文武艺，货与帝王家"的观念，因为一旦不受朝廷重用，他们的满肚子学问就等于没有价值。

杜甫是中国文学史上的大宗师，万家传诵的精彩诗篇奠定了他诗圣的坚实地位。后人赞叹杜甫的胸怀广博，感悟深沉，人们以杜甫之诗为尊。然而写出"会当凌绝顶，一览众山小"这一豪言壮语的他，在面对动荡时代无所作为的自己时，也只能是"名岂文章著"的自嘲与"万里悲秋常作客，百年多病独登台"的哀叹。

不唯杜甫，李白、陆游、苏轼、辛弃疾等等，纵观千年文坛，以诗以文聊以自慰者比比皆是。他们学富五车，却无人问津，只能郁郁而寡欢。由此可见，一旦能"说"而不能"做"，那么说也就失去了价值。

第八章 谦卑——说得越低调地位越显高

7. 情绪稳定胜过一切

俞敏洪说:"情绪稳定胜过一切,如果领导者的情绪变化在周围人的意料之中,则他们可以安心地跟随你而不必提心吊胆。"任何人都不喜欢被别人指责,特别是对于那些莫名其妙的指责,更是会让他们觉得非常难堪。所以作为一个领导者,要学会控制情绪,不能随意发火,更不能迁怒到员工身上,对他们说难听的话。

俞敏洪强调,创业者还要学会稳定自己的情绪,新东方的任何一个人都没有被俞敏洪直接地斥责过,也没有人担心遇到突发事件的时候俞敏洪会陷入极度的情绪波动中,在员工眼里,他总是温和而不失激情。在董事会成员面前,他是有智谋有威信的。这使得大家愿意提出自己的意见甚至是对俞敏洪的不当行为的指责而不担心被炒鱿鱼,这使得新东方的每个人都有动力花心思让新东方向更好的方向发展。

培根曾说:"愤怒,就像地雷,碰到任何东西都一同毁灭。"因此在某些情况下,我们要学会忍耐,以一种心平气和的心情来解决问题,千万不能一碰到"导火线"就暴跳如雷,导致情绪失控。多一点清醒,就少一点失误;多一点理智,就会少一点后悔。

1812年拿破仑的侵俄战争宣告失败,俄、英、普等国也组成了反法同盟军,开始进行反击,法兰西战局每况愈下。1813年的7月,拿破仑在德累斯顿的马尔哥利宫会见奥地利使者梅特涅。

奥地利是法国的盟国，拿破仑想借此机会探听到奥地利和沙皇的会谈结果。于是他整理好着装，腰挂宝剑，腋下挟着帽子，十分威严地接见梅特涅。

拿破仑毫不客气地对梅特涅说："原来你们也想打仗，好吧，仗是有你们打的。我已经在包岑打败了俄国，现在你们希望轮到自己了。你们愿意这样就这样吧，在维也纳相见。本性难移，经验教训对你们毫无作用。我已经三次让弗兰西斯皇帝重新登上皇位，我答应永远与他和平相处。我娶了他的女儿，当时我对自己说：'你干的是蠢事。'但到底是干了，现在我后悔了。"

拿破仑越说不客气，梅特涅却愈发冷静，他提醒拿破仑说："和平是取决于你的，你的势力必须缩小到合理的限度，不然你今后的斗争就要以失败告终。"

拿破仑被他激怒了，他宣称任何同盟都吓不倒他，不管对方兵力多么强大，他都能战胜对方。接着，他又说他对奥地利的军队是多么的了解，每天都能收到他们的详细情报，等等。梅特涅打断他的话，提醒拿破仑，如今他的士兵都是些小孩。拿破仑激动地回答："你不懂得一个军人是怎么想的。像我这样的人，不大在乎100万人的生命。"他激动得帽子都扔了，但是梅特涅并没有替他捡起来。

在这次双方的较量中，拿破仑败得很惨。也许他一开始也想用威慑的方法，从梅特涅口中得到自己想知道的，但最后却反中了梅特涅的计，不能控制自己的情绪，最后暴露了自己的内心。而梅特涅虽然话语不多，却字字珠玑，挖掘拿破仑的心理。

后来梅特涅对别人说："他什么都给我讲清楚了，这个人一切都完了。"于是不久之后，奥地利也加入了第六次反法同盟的行列。结果可想而知，拿破仑不幸被梅特涅言中，他的战争以失败告终。

《孙子兵法》指出："主不可以怒以兴师，将不可以愠而致战，合于利

而动,不合于利而止。"认为国君不可以因一时的愤怒而兴兵打仗,将帅不可凭一时的怨愤而与敌交战,因为一个人愤怒过后可以转变为高兴,怨愤过后可以转变为喜悦,但国家灭亡了就再也难以恢复了,人死了就再也无法变活了。一切都要以是否有利为转移,合于利则动,不利则止,这才是理智的行为。

能控制自己的情绪。是一个人成熟的标志。与人相处时,不分是非曲直、话不投机动辄发火,这是一种没有涵养的表现。火气太大的人,要有自知之明,加强修养,注意"制怒",心平气和,以理服人,不可放纵心头无名之火,否则既伤害他人又伤害自己。

正所谓:"良言一句三冬暖,恶语伤人六月寒。"管好自己的嘴巴,最重要的是控制自己的情绪。在很多时候,一些不该说的话往往都是在情绪烦躁或者是异常愤怒的时候说出来的。比如说,当你受了委屈的时候,你有可能会到处倾诉自己的委屈,在这个时候很容易吐露不当的言语;当你和别人吵架的时候,怒火冲昏了头脑,只想在语言上压倒对方,你就会专门抓住对方的痛处"下手",在语言上攻击对方。

轻易的发怒会让人失态,不过说气话也只会让人蒙羞。在与对手较量时,一定要头脑冷静,不要被他的三言两语就给激怒了,那不是有修养的人的所为。要知道公牛就是被斗牛士的红布惹怒,贸然出击,才最终丧命的。

俞敏洪说:"我从来不发火,总是笑眯眯的,所以我说话稍微严肃一点儿,下面人就受不了了,觉得出了什么事情。但是他们都知道自己需要完成什么样的任务,达到什么样的标准。如果达不到,我就跟他们说,自己看吧,该怎么惩罚。"

没有一种胜利比战胜自己及自己的冲动情绪更伟大,因为这是一种意志的胜利。"骤然临之而不惊,无故加之而不怒",是领导者必备的修养,没到这层次的领导不会有什么作为。用隐忍代替怨气,以理性克制想当然,这套功夫,现在叫"情绪管理",也叫 EQ。

8. "做事像山，做人像水"

老子说："上善若水，水善利万物而不争，夫唯不争，故天下莫能与之争。"做人应该像水一样，要有极大的可塑性。因为水性柔而能变形。古人有一副对联："水唯能下方成海，山不矜高自及天。"人一旦能够做到虚怀若谷，便能够汇集百河而成为汪洋。

俞敏洪在《用微笑面对世界》的演讲中这样说道：

"在我的生活当中，我始终坚持可以内心追求一样事情坚定不移，但是在平时做事的时候要尽可能地和人互相融洽。

"我有一句自己的格言叫'做事像山，做人像水'。做事像山，如果有一个目标在你眼前，这个目标对你的生命进步很重要，你就要坚定不移地追求，不能随便改变移动，像山一样坚强坚定。但做人要水，水是流动，水是变化的，水是往低处流的。如果你把自己放得很低，你的容器就会越来越大，你会容纳越来越多的东西，你会变得宽广。一个小小的池塘是很容易污染的，但是一个大湖和大海是相对不容易污染的，可以容纳更多的东西，还能为自己提供更多的机会。如果大家确定了这两个大的基本原则，我觉得你做任何事情的成功基本上有了一半。"

水从高处来，只向低处流，乃至归入大海，贵在平静低调。这种态度正如品德高尚的人一样，品高性谦，品越高越显得随和、平易近人。做人要学习水深邃的平静。当别人恃才自傲时，你却虚怀若谷；别人卖弄口才时，你却多思慎言；别人拼命外显时，你却韬光养晦；别人拿放不起时，你却能屈能伸；别人趾高气扬时，你却不显不炫。

李嘉诚曾经说过:"这个世界上,不为五斗米折腰的人,在哪里都有。所以,你千万别伤害别人的尊严,尊严是非常脆弱的,经不起任何的伤害。"

因此,在与别人沟通交流的时候,最忌讳的就是居高临下、颐指气使。作为一个领导者,无论面对谁,不管是下属企业的一个普通员工,还是客户合作伙伴,亦或是街边的一个卖报郎,都保持着谦恭的态度,像水一样。这不仅是一种做人的姿态,更是一种沟通智慧!懂得了这些,我们的人际关系才能更上一层楼。

加州铁路大王、曾担任加州州长的老利兰·斯坦福夫妇的独子在意大利游历时染病而亡。为了纪念他,夫妇两决定在儿子求学的母校为他建一座纪念性建筑。

他们去求见了那所学校的负责人,说了自己的想法,但很显然这位负责人,并没有认出他们,觉得他们是在开玩笑。于是就用一种调侃的语气说:"建纪念性建筑?你们知道这是什么地方,寸土寸金呀!看到窗外的草坪了吗?那是从德国进口的,一片就是几万美元,再看看那些大楼,一栋就是几百万甚至上千万美元呀!你们拿什么来做这些呢?"

然后,他就听到那位妻子对丈夫说:"听到了吗?亲爱的,建一座楼只要几百万美元,那我们为什么不给儿子建一座纪念大学呢?"1年后,一所新的大学建立起来了。那就是著名的斯坦福大学。

这位负责人可能想不到,自己的傲慢到底让他错失了一个怎么样的机会!

人生路上,我们会碰到各种各样的人,每个人都有自己的独特之处,你并不知道什么人会对你的人生产生影响,所以我们只有选择一视同仁,这样我们才不致错过任何机会,才能更快地走向成功。谦恭地做人,对你有百益无一害。

谦虚是人的一种修养。凡谦虚之人,"不自见,故明;不自是,故彰;不自伐,故有功;不自矜,故长。"具有这种气质的人从不盛气凌人,不以长者自居，不以能人骄人，不以贵人下人，因而人格高雅、尊贵，他人自会感到可亲。

在日常的生活中，人们总是想方设法地表现自己，许多人小有才华便言语露锋芒，行动也露锋芒，以此引起大家的注意。但有些人则深藏不露，表现平庸，好像胸无大志，实际上只是他们不肯在言语、行动上露锋芒而已。因为他们有所顾忌，言语露锋芒，便要得罪别人，只有暗藏锋芒才能在交际场上如鱼得水。人有的时候就要学会藏拙，懂得低头。

在印度的一个佛学院里，每个新生进学校之前，都必须先通过一个只有1.5米高、0.4米宽的小门。这个小门普通人根本无法抬头挺胸地进去，只有低头侧身，才能勉强通过。

它存在的意义就是告诉每一位新生，让他们知道今后的人生道路上还有很多这样的小门；面对人生的小门，不应该一味昂首阔步，而应该学会谦虚，谨慎地躬下自己的腰，俯下自己的身体，低下自己的头。

当今社会复杂，许多初涉世事的年轻人往往个性张扬，对自我认识不足，所以四处碰壁，经常遇上不顺之事。比尔·盖茨曾经给年轻人这么一条忠告："卖汉堡不会有损于你的尊严。"同样，放下你原来的架子也不会有损于你现在的面子，反而有助于你将来的日子。很多时候，你放低了姿态，在别人的眼中反而会愈加高大。

第八章 谦卑——说得越低调地位越显高

第九章

睿智——才思敏捷机智过人

1. 激将法——"给你发薪水是侮辱你的人格"

有时候为了让对方做某件事是非常不容易的，这时，"激将"就是一种很好的策略。激将术主要是通过隐藏的各种手段，让对方进入激动状态。说到底，人是感情的动物。所以在与人谈话时，就必须想方设法调动对方的感情力量，来激发他的积极性，调动他的热情和干劲儿，那么对方就会不得不去做，从而就达到了你的目的。

新东方创立之初，为了拉帮手，俞敏洪特意跑到美国去请自己的老同学回来一起创业。

他首先找到的就是北大时的班长王强，他向王强表明了来意，希望他到新东方任教。但是已经在美国开创出一片天地的王强起初不为所动，他随口问道："新东方是什么东西？"俞敏洪一听，差点急了："新东方不是东西，它是我办的一所学校。"

王强又问："新东方有多小？"俞敏洪正色道："我知道你在美国的年薪有7万美元，我付不起你的工资。"然后作义愤填膺状，"但我希望你不要忘记，我们是很好的朋友，是一起生活过的哥们儿。我们还是知识分子，中国的知识分子历来都视金钱如粪土，我要是给你发了薪水，就侮辱了你的人格。"

最终，俞敏洪说服了王强回国，与他一同窝在北京西北角一所十几平方米的违章建筑里，开始了新东方的创业。

俗话说：请将不如激将。在生活当中，往往有些人非常自负，如果你采取正常的方法去求他，他可能对你不屑一顾。这个时候如果你采取激将法，反而会有意想不到的效果。因为每个人都有不甘服输的心理，如果你善于利用这一点，对方不服输的性格就会成为你成功的筹码。

当然，巧言激将，一定要根据不同的交谈对象，采用不同的激将方法，才能收到满意的效果。犹如治病，对症下药，才有疗效。如果把药下错了，或是于人无益，或是置人于死地，总之是使事情向更坏的方向发展。下面简单介绍几种激将技巧：

1. 直激法

就是面对面直出直入地刺激他，羞辱他，激怒他，以达到使他"跳起来"的目的。直激法语言简洁明快，直截了当，有一是一，有二是二，不拐弯抹角。

例如，某公司改革用人制度，决定张榜招贤，在公司内部选拔中层管理人员。公告之后，大家都认为能力技术俱佳的技术员张明很有希望。然而，张明却犹豫不绝，不敢揭榜。一位同事看着干着急，就找了去，直言相激道："张明，你不是总是自诩技术 NO.1 吗？现在机会来了，没想到你却连个技术组长的位子都不敢接，你真是个窝囊废！"

"我是窝囊废？"话音未落张明就跳了起来，"我非干出个样儿来不可！"于是当场就申请了该职位。

2. 反激法

就是正话反讲，用故意扭曲的反语信息和反激的语气表述自己的意见，以激起对方发言表态，达到预期目标的方法。

例如，两家公司洽谈，其中一方的代表说："贵公司赢利的能力，的确比我们这些小企业大得多，你们稍微漏出一点利润，就够我们全年的盈利了。简直是一个大如牦牛，一个小如毫毛。我想对于这么大的一个企业来说，应该不在乎这点利润吧！"

上例中，该代表虽然是在夸奖对方，其实不过是给对方戴高帽。从而以退为攻，激发对方就范入瓮。

3. 偏激法

就是有意识地褒扬第三者，以暗示的方式贬低对方，从而激发对方奋起向上，超越第三者的决心。

如三国时，诸葛亮为了抗曹来到江东。他知道孙权是不甘居人之下的人，于是大谈曹军兵多势大："曹军骑兵、步兵、水兵加在一起有一百多万呐！"

孙权大吃一惊，追问："这里有诈吧？"

诸葛亮一笔一笔算，最后，算出曹军拥有一百五十多万。他说："我只讲100万，是怕吓倒了江东的人呀！"这句话的刺激性可谓不小，使孙权急忙问计："那我是战，还是不战？"

诸葛亮见火候已到，说："如果东吴人力、物力能与曹操抗衡，那就战；如果您认为敌不过，那就降！"

孙权不服，反问："像您这样说，那刘豫州为什么不降呢？"

此话正中诸葛亮下怀，他进一步使用激将法说："田横，不过是齐国一个壮士罢了，尚且能坚守气节，何况我主是皇室后代，盖世英才，怎么能甘心投降，任人摆布呢？"

孙权的火立刻被激了起来，决心与曹军决一死战。

4. 暗激法

就是有意识地褒扬对方光荣的过去，从而激起他改变现状的决心。

例如，某业务经理，最近一段时间业务成绩下滑，工作的积极性也随之下降。于是总监对他说："你前年的时候，得过公司的'十佳员工'奖吧？""是的。""你在北区的时候，曾经三次蝉联销售冠军吧？""是的。""你好像被董事长亲自表扬过吧？""是的。""那，现在呢？"总监痛心疾首说道，"我也不求你像以前一样拿销售冠军，但最起码工作态度得端正吧！"第二天，该业务经理就像变了个人，工作开始积极起来。

5. 导激法

激将有时不是简单地否定、贬低，而是"激中有导"，用明确的或诱导性语言，把对方的热情激发起来。

例如，某校一个调皮学生，学习成绩很差。一次，他打了一位同学，还自夸是拳击能手。老师叫住他说："打架，算什么英雄？有本事你跟他比学习。你期末考试如果赶上人家，那才是真正的英雄呢！"一句话激得这个调皮学生发愤学习，后来，他果然有了明显进步。

激将法是求人的一种高超技巧。人们常常说："树怕剥皮，人怕激气。"有些人，吃软不吃硬，你好话说尽，他却无动于衷；但稍稍一激，他的自尊心就像被针扎了一下，不顾一切跳入你预设的局中。

求人时，尤其是求熟人的时候，就得利用一下感情，摸透对方的心理，因时而宜地采用激将法，他就会尽力帮你把事办好。

第九章 睿智——才思敏捷机智过人

2. 话不说满，要给自己留余地

许多人在做菜的时候，都会有一个习惯，那就是先少放盐，待味淡时再加，如果开始时放盐太多，一旦味咸了，就难以改淡了。说话也是一样，话不说满，留有余地，日后方能进退自如，自然从容。话不说满是一种说话的艺术，而俞敏洪就深谙其道。

2007年12月21日至22日，"第三届企业家精神论坛"在北京召开，俞敏洪受邀于论坛发表题为《信念与激情》演讲，他说：

"我曾经常常问自己，我做这么一个新东方对社会到底有没有好处，比如现在大家认为是好事的事情，在10年、20年、30年、50年、100年之后到底还是不是好事？

"新东方现在每年送成千上万的学生出国留学，鼓励学生回国创业，几百万的学生因为新东方的培训英语水平得到了提高，新东方也把自己带到了美国纽约证券交易所上市，融到了美国两三亿美元，回来进一步办教育。这一切在我看来都是好事，我觉得新东方促进了中国教育的进步，促进了中西方文化的交流。

"但是坦率地说我内心也在询问，50年以后还是好事吗？就是说50年以后，新东方现在对数以百万的高中生、大学生施加的影响力，你能保证是好事吗？你能保证来到新东方的学生他们的幸福指数都增加了吗？真的不敢保证。所以有的时候我对自己的信念也会产生怀疑，我做的到底是不是一件好事？"

新东方的存在，对于社会来说，无疑是一件好事，即便是五十年，一百年之后，它变成坏事的可能性也不大。但俞敏洪依然没有将话说满，因为他知道事情在还没有结束之前，谁都不能预测其结果。

许多人总是喜欢拍着胸脯给人打包票，把话说得满满的。事情圆满了当然是皆大欢喜，万一出了意外，给别人留下了话柄不说，还有可能给自己带来麻烦。

例如，你新进入一家公司，公司的领导就某项决策征求职员意见的时候，即使你有话要说，或是有把握做好，也别忘了给自己留一条后路，别忘记加上一句话，"这仅仅是我个人的想法，还要看上级的最终的决策。"这样一来，事情办成了是大功一件；但如果出现了问题，众人也会分担责任而不是将错误归于你一人身上。

无论何时，我们说话的时候都要提醒自己，要给自己留余地，使自己可进可退。这好比在战场上一样，在进攻之前，先要保证有牢固的后方，以便在出击对方、战事不利的时候，可及时地退回自守，这样虽然不能保证自己就一定会是处于战无不胜的地位，但是至少可以保证自己不会败得一塌糊涂。

其实，生活中的很多尴尬是由自己一手造成的，其中有一些就是因为话说得太绝的缘故。正所谓"君子一言，驷马难追"，说过的话，兑现不了，不仅会给人际关系造成不应有的损失，还会因此影响自己的前途和声誉。

因此，我们在说话时，多些考虑，留有余地，要给自己留条后路。要想做到这些，则需注意以下几点：

第一，违背常情常理话不要说。

一件事情的存在总会有它的道理，如果我们说话不顾常情常理，很容易让别人非议。对于对方来说，他们会怀疑你说话的真实性，进而会觉得你这个人人品有问题。对于说话人来说，话说得太过头了，会觉得心虚，本来很有把握的事情，反而无法进展，不好处理，于人于己都不好。

一位推销员正推销一种袜子，他随手拿起一只袜子，紧接着又拿起打

火机,在袜子下面轻快晃动,火苗穿过袜子,而袜子也未受到损伤。在他一番介绍之后,袜子在顾客手中传看。一位顾客要用打火机烧,急得推销员赶忙补充说:"袜子并不是烧不着,我只是证明它的透气性好。"最后大家终于明白是怎么回事,袜子的质量没得说,但当时气氛明显地影响了顾客的消费情绪。

第二,说话不要太绝对。

也许是爱因斯坦的"相对论"深入人心的缘故,人们考虑问题都喜欢来个相对思考,对于绝对的东西,在心理上有一种排斥感。比如,当你斩钉截铁地说:"事实完全就是这个样。"此时在别人心里会有对你的反问:"难道一点也不差?"也许你表达的是事实,可是他心里老是琢磨"难道一点也不差"的时候,他对你的话语的领悟就会有点舍本逐末了。

因此,在谈话时,即便是我们绝对有把握的事,也不要把话说得过于绝对,绝对的东西容易引起他人的挑刺。而现实是,如果对方有意挑刺,还真能挑出刺来。与其给别人一个挑刺的借口,不如把话说得委婉一点。同时,如果我们不把话说得绝对,我们还可以在更为广阔的空间与对方周旋。

第三,话要说得圆润。

当我们与他人谈话时,话就要说得圆润一些,话说得太直,会激恼对方,即便是理在己方。说得圆润一点,能给我们留下一定的回旋余地,从容地达到我们谈话的目的。同事做错了事情,你张口就说:"你是这个世界上最蠢的人了。"不但伤害了同事、得罪了人,还让别人觉得你浅薄无情。

人际交往的诀窍很多,说话的艺术必不可少,如果想要自己在人际交往中游刃有余,最重要的一点就是,说话留有余地,不说绝对的话。

3. 成功演讲，有一个优秀的开场白

著名演讲学家卡耐基说："登上讲台，不管你准备了多少演讲内容，最初的30秒'开场白'都是最重要的。如果你能在这短短的时间里立即拉近与听众的距离，让听众爱上你，那么，你的演讲就已经成功了一半。"俞敏洪可谓深谙此道，他一年不知要演讲多少场，但他一次次出人意料的开场白，都能瞬间吸引听众的注意力。

2010年5月7日晚，俞敏洪来到诚毅学院进行中国大学生励志系列公益演讲，一开场他便说道："终于见到了活着的俞敏洪！其实我知道，很多人到这儿来不是来听我演讲的，是来看看我活着怎么样的。今天我就来和大家随便聊聊在我成长过程中，我认为重要的东西和领悟。"他的这一番颇显另类的开场白，轻而易举地拉近了他与同学们之间的距离，现场爆发出了一迭又一迭的欢呼声。

2010年5月10日下午，俞敏洪来到温州中学演讲，他开场说道："其实我更喜欢走到大家中间去演讲，可惜话筒受限。不过看我模模糊糊，你们才会更喜欢我！"这么一番特别的开场白，带着些许的幽默和激情，将现场三千多名师生带进了一场"梦想之旅"。

俞敏洪结合现场情景，拿自身调侃，"终于见到了活着的俞敏洪！""看我模模糊糊才会更喜欢我！"这两例开场白，不仅颇具创意，新奇有趣，产生了一定的会话含义，而且大大提升了听众对他的注意力。

演讲的开场很重要，它可以奠定整个演讲过程的基调。就演说者来说，如果他一开始讲话就很严肃，那么接下去的演讲就很难活跃起来。而

演说者与听众的关系一旦在开始就是疏远和隔膜的,以后便不好拉近。所以,开场时幽默一下是有好处的。它可以使演讲者和听众都处于轻松的状态,缩短双方的距离。

正所谓"万事开头难",大家都懂先入为主的道理,就是说如果你在开头就给人一个不好的印象,那么即便你后来表现得很优秀,也难以改变先前不好的印象。反之,也一样。优秀的演讲者,也会利用这一方式,力求在开始的时候就引起听众的兴趣,抓住他们的心。下面就来举几个优秀的开场白方式:

第一种,开场白就像一个人的穿着一样,是给人的第一印象,所以一定要做到吸引和集中听众的注意力。那么怎样来一举获得听众注意力呢?我们可以运用幽默、事例、轶闻、引言等方法来达到这个目的。

比如,米兰石油公司的副总裁迈克斯·艾萨克松,在一次演讲的开头是这样说的:"我们都知道,演讲是件很难的事。但是请听听丹尼尔·韦伯斯特是怎么说的吧:'如果有人要拿走我所有的财富而只剩下一样,那么我会选择口才,因为有了它我不久便可以拥有其他一切财富。'那么,为什么许多有才华的人偏偏害怕演讲呢?"

在这次演讲中,迈克斯·艾萨克松就是通过引用了丹尼尔·韦伯斯特的话来达到吸引听众的目的。这种方式简单又有效,我们在演说的时候也不妨试试运用其来吸引听众。

第二种,在演讲的时候,如果听众对你演讲的主题不熟悉,那么就有必要在开头的时候向听众讲述一些与主题有关的背景。

比如,一位美国的空军少将在夏努特空军基地就"黑人遗产周"的主题做了一次演讲,他是这么开头的:"我很高兴来到此地,同时我也很感谢应邀和在座各位讨论有关美国黑人问题。为保持和增进民族间的理解,美国各大州又开始纪念'黑人遗产周'。在夏努特空军基地,我们庆祝它则可以对美国空军进行完整无缺的教育……"

这段开头详细地介绍了"黑人遗产周"的背景和其对美国空军的重要

性。这样既能被听众所理解，又体现了这个主题的重要性。听众自然就会认真地投入到演讲中。

第三种，要想听众认真地听你演讲，就要告诉他们为什么要听，也就是激发出听众的兴趣。这点，应该在演讲的开头就做到。

比如，一位名叫唐纳德·罗杰斯的演讲顾问，他在一次演讲中这样说："我今晚要演讲的题目是'信息的透露'。确定这个题目之前，我先是查阅了本地的会计年鉴分册和全国会计协会的学术专刊，然后又询问了我的同事亚历克斯·莱文斯顿和戴夫·汉森：'今晚来听演讲的人都有哪些？他们希望我讲什么？'他们告诉我在座的各位都是些很热心的人，希望我的演讲有趣而富有启发性。因此，我将告诉大家一些有用的知识，我也同时希望我的演讲简明扼要，并留给大家一定的提问时间。"

在这里唐纳德·罗杰斯就是通过表达他对听众需求的关心来激发了他们的兴趣，从而让自己的演讲成功了一半。

第四种，一开始先说明演讲的目的，这也是个很好的方法。在很多情况下，如果没说明演讲的目的，听众要么会失去继续听下去的兴趣，要么会误解目的而怀疑演讲者的动机，所以一开始就先将演讲的目的公布也是很有效的吸引听众的开场白。

比如，詹姆斯·鲁宾逊三世，这位美国快递公司的主席，他曾在一次演讲中说道："女士们，先生们，早上好！谢谢大家给予我这个露面机会。美国广告联盟是美国传播工业的一个重要组成部分。当前，美国传播工业还面临许多问题，而重担则落在大家的肩上。我今天演讲的目的便是就这些问题及它们呈现出的挑战谈谈我的看法。"

这段演讲一开始就揭露了自己演讲的目的：就这些问题及它们呈现出的挑战谈谈演讲者的看法，显得诚恳认真，争取到了听众的信任。而这个目的也正是听众想知道的问题，自然就能认真地听下去。

4. 言之有理，让听者心服口服

常言道："事实胜于雄辩。"摆事实，讲道理，以理服人，不把自己的观点强加于人，才能占据说话的主动权。

2011年4月23日，俞敏洪在新疆乌鲁木齐市红山体育馆内作家庭教育公益讲座时说道：

"我从来不认为成绩是最重要的。我的儿子今年上三年级，他曾经告诉我，他考了全班倒数第二名。当时我并没有把他暴打一顿，因为我大学毕业的时候，考了班里倒数第五名。你说我有什么资格要求他一定是第一名？

"而且，走到今天，事实证明，我这个倒数第五名比当年很多前十名厉害，还算取得了阶段性的成功吧。我从来都说，所谓第一名，实际没什么了不起，因为你是班级第一名无法证明你一定是全校第一名、全市第一名吧？而最后一名也没必要很气馁，不能说你是班级最后一名，就一定是全校最后一名。

"我认为，人生最大的成功只有两点，一是你是否取得工作上的成就，二是你是否快乐。而成就感，绝不是拿第一名，而是进取心和取得的进步。在教育方式上，我们常看到，中国的老师在班级中往往最关注前十名的学生。

"实际上，让我说，倒数十名的学生才需要最多关注。因为前十名的学生，自身已经具备了强大的自我鼓动性，有一定的学习热情。而倒数十名的学生，需要鼓励，需要在进步中获得成就感和学习的动力。所以，对学校教育而言,成功的教育不是帮助前十名的学生考上一流的大学,而是帮助更多的学生取得进步,尤其是带动后进的学生,引起他们的学习兴趣,以获得更多接受教育的机会。"

俞敏洪的演讲赢得了非常热烈的掌声,虽然他讲的很多观点大家都了解,但他用自己的实例告诉家长什么该做,什么不该做,以及做了以后的结果,既有理又有据,让听者心服口服地接受他的观点。

说话要有理有据,方能服人。"言而无据"自然就难以站住脚,不但不能给人带来信赖感,反而会觉得你这个人信口开河,言辞浮夸。从而给自己的声誉造成很坏的影响。

《非诚勿扰》节目的播出引爆了社会对"物质女"的大讨论,乐嘉自己也就"物质女"发表了自己的看法:"一方面男人们不希望女人太看重金钱,但另一方面,自己又把金钱的谈论放在首位,生怕女人看不起自己。这本身就是悖论。"

乐嘉还说:"让女人不看重物质的方法有吗?如果强迫她一定要问,那她只能反问,让男人不好色的方法有吗?"乐嘉认为,如果一个男人拥有足够的得之不易的财富,那么他防范"物质女生"冲他钱来的最好方法,就是不要让该"物质女生"知道自己有钱,哪怕开始接触时表面装穷。

言之有理,是一个人语言魅力的表现,更是成功说话的保证。在《非诚勿扰》的花边新闻越来越多、负面讨论越来越猛烈的情势下,乐嘉适时地站了出来,有理有据地批驳了人们的偏见,让人们在多一分宽容的同时,对他也多了一分敬佩。

孟子曾说:靠武力称霸,是武力压服而非人们心悦诚服;而以仁道称霸,以理服人,则可以让人心悦诚服,使国力强大。强国尚且要以理服人,说话做人更要懂道理、讲道理,因为在是非面前,只有道理才能让人信服。

俄国十月革命刚刚胜利的时候,许多农民都对沙皇非常痛恨,坚决要

求烧掉沙皇住过的宫殿。不管别人做多少次工作，都置之不理，非烧不可。最后，只好由列宁亲自出面去说服他们。

列宁对农民们说："烧房子可以。在烧房子之前，让我讲几句话，可以不可以？"农民们说："可以。"

列宁问道："沙皇住的房子是谁造的？"农民们说："是我们造的。"

列宁又问："我们自己造的房子，不让沙皇住，让我们自己的代表住好不好？"农民们齐声回答："好！"

列宁再问："那么这房子还要不要烧呢？"农民们觉得列宁讲得好，同意不烧房子了。

通常情况下，说话总是要言之有物，有理有据，凭借一张巧嘴办事的人往往容易取得成功。而那些喜欢用"脾气说话"，凡是遇到与自己相悖的事情时勃然大怒甚至与对方大动干戈之人，最终不仅伤了彼此之间的和气，还伤了自己的"人气"。

列宁本来可以用"命令"的方式，让那些农民不烧房子，但是他却没有这么做，而是采用这种"温和启发式问话"方式，摆事实讲道理，一步一步地瓦解了农民内心的仇恨，使他们愉快而又毫无反抗之心地接受了他的建议。

生活中，我们常常会遇到与我们意见相左的人，无论是在家里，还是在工作中，亦或是朋友聚会的时候，不论谈论什么，有些人都会想方设法用争辩与威压让他人赞同他的观点，同意他的意见。其实这样做是不对的，一个真正的智者从不会当场和他人辩论，而会有理有据地让他人从内心臣服于自己的观念。

一味地采用口头压服的方式，让人不仅不能接受你的说法，还会使他人更加坚持己见。所以，我们要想赢得他人的尊重，让他人从心底接受你的观点，就要用道理去说服他人，而不是利用身份、权力乃至话语去压服。

5. 以子之矛，攻子之盾

所谓"以子之矛，攻子之盾"就是在交谈中不直接用自己的话与对方争辩，而是借对方的言论来作答，从而反击对方，达到自己的目的。

有一次，一个大学生来找俞敏洪，对他说自己不想再读书了，而想要创业。俞敏洪连忙问他为什么？这名大学生就说，自己想要学比尔·盖茨，比尔·盖茨大学也没有毕业，不是照样成为了世界首富。

俞敏洪听了他的话之后，就对他说，世界上有几个比尔·盖茨？不就一个嘛。这名大学生却固执地认为自己可以成为第二个。俞敏洪见劝不动他，就问他为什么不等大学上完再创业？大学生说，我考试不及格，上不下去了。

俞敏洪这才劝道："你想要学习比尔·盖茨这没有错，但是你还是没法跟比尔·盖茨比的，人家是觉得自己的知识已经远远超过了老师，觉得上大学已经是时间的浪费，要把自己的创造力及时地发挥出来，所以钻到自己的汽车库里研究微软去了。而你是学不下去了，这是两种完全不一样的概念。"

俞敏洪知道，用其他的话来劝这名学生是没有用的，因为他已经将自己看成了比尔·盖茨第二了。所以，俞敏洪便顺水推舟，先承认他想要"学习比尔·盖茨"这个想法的正确性，然后从比尔·盖茨入手，分析他与比尔·盖茨之间的差距，从而最终说服了他。

金庸武侠小说中有一个招式叫做"以彼之道还施彼身"，将对方的招式反击到他自己身上。这招在辩论中也同样适用，你不是说你的观点对

吗？好，我用你的观点来对付你。如果你否认，那么就等于是自相矛盾。

古时有一位私塾先生，他平时教育学生说："你们要用心学习，勤奋读书，白天读书时不许睡觉。"结果有一天，先生在白天坐在桌前睡着了。待先生醒来后，一个胆大的学生问道："先生往日不是说勤奋学习，白天不许睡觉吗？"先生一听，回答道："我白天哪里是睡觉，我是去和周公谈话了。"因为我国平时把做梦叫做"见周公"。学生听了，也不反驳。

第二天，学生白天趴在桌上呼呼大睡。先生气极，将学生叫醒后问道："你这学生，白天应努力读书，为何睡觉？"学生答道："我也去见周公了。"先生又问："周公正作何事？"学生笑曰："周公对我说他昨天没有看见您。"先生白天睡觉，是自己违反了自己的规定，学生质问，有理有据。先生无法正面回答，于是以见周公为由，将学生的质问化于无形，替自己掩盖过去，可以说是狡辩。然而聪明的学生却利用了请君入瓮的方法。他并不急于指出先生的谬误，而是先承认先生所言，第二天也睡觉，也以见到周公为名。同时说周公未曾见到先生，反客为主，以此来证明先生说谎，只不过是白日睡觉而已。用先生解释的周公来证明先生的谬误，可谓以谬正谬，幽默风趣之外话语犀利，先生不得不缴械投降了。

在谈话中，总会有些人说出一些错误的观点，表达出错误的思想。有时候你不能直接，也没必要直接指出对方的逻辑错误，因为这样会影响到人际关系。但是遇到诡辩的时候，如果你能抓住对方在概念、推理中出现的某些悖论，将逻辑与智慧融合起来，借用原话，指出其不能自圆其说的逻辑矛盾，对方的论点也就不攻自破了。

我国宋代的文学家、政治家王安石，有一次写了一本叫做《字说》的书。有些字的解释牵强附会，无中生有。一天，苏东坡来看望王安石。王安石就向苏东坡谈起了这部书，提到了对"坡"字的解释，叫做"坡"是土的皮。苏东坡一听，觉得可笑。便在纸上写了一个"滑"字，对王安石说："照您的解释，'坡'是土的皮，那么这个'滑'字一定是水的骨头喽！"

说"坡"是土的皮还有些沾边，毕竟人们也说"土坡"嘛！但这个"滑"无论如何也解释不成是水的骨头。苏东坡正是借助于王安石解释"坡"字时所应用的拆字法，翻过来抛出了"滑"字这个天方夜谭式的解释，使得王安石的理论不攻自破。

很多掌握辩论技巧的人，经常在辩论中巧妙地将对手提出的有威胁性的话题转换为对己方有利的反击武器，从而抓住对方的话题巧妙地予以反击，并最终战胜对方。

据说鲁迅先生在厦门大学任教时，当时的校长林文庆经常克扣办学经费，刁难老师和学生。一次，林文庆将研究院的负责人和教授聚到一起开会，决定裁减国学院的经费预算。教授们纷纷站起来表示反对，林文庆立刻摆出老板的架势，傲慢地说："关于这一点，不是由你们说了算，学校的经费是有钱的人拿出来的，只有有钱人才有发言权。"

林文庆的话音刚落，鲁迅立即站起来，从口袋里摸出两个银角，"啪"的一声放在桌上说："我有钱，我有发言权！"林文庆哪里料到鲁迅会来这一着，一下子显得十分尴尬。接着，鲁迅先生力陈研究院经费不能减少、只能增加的理由，驳得林文庆哑口无言。

鲁迅先生在这里巧妙地将校长所说的"钱"（即财富，广义的钱）偷换成一分二分零花钱的狭义的"钱"。从而以两个银币的"钱"为引子提出了自己的理由，使校长无话可说。善于争论的人往往能巧妙地避开对方的锐气，而抓住对方话题中露出的破绽予以反击，让对方输得无言以对，心服口服。

6. "不做英语做厨师"

做人做事要心胸豁达,得有"得让人处且让人"的宽容,学会体谅别人的难处,谅解别人的错处,关注别人的长处。说话也同样需要豁达,豁达了才不会跟人斤斤计较,豁达了才能收获别人的好感。豁达的人会拥有一种让人折服的气度,如果一个领导者,能够在言语之中表现出他的豁然,那么就可能让别人能够心甘情愿地追随他,就像俞敏洪。

俞敏洪的《在绝望中寻找希望》的演讲中,有这样一段话:

"做任何事情对自己有用,对别人无害就可以了,对自己有用对别人无害就对这个社会无害。比如说喜欢下围棋、象棋就下,如果这辈子下不成常昊,但是至少自己娱乐的心情给别人也没有带来害处,这个是最低境界做事情。

"最高境界是对自己有用,对别人有用,有了这两个前提做事情,就永远不会做坏事。对自己有用,也不会给社会增加负担,赌博也不行,娱乐一下可以,就是打麻将玩一毛钱、两毛钱对自己也可以,自己心情也有利,对别人无害;但是不能大行赌博,自己丢了钱还给家里增加负担,这样做你会想我对自己有用吗?只要想对别人无害就行了,我做事情就是做对自己有用,对别人无害就行了。

"我们创造出来的新东方,如果规律没有了,出生的时候是怎么来的,走的时候是怎么去的,走的时候什么都没有带走。如果有一天新东方没有了,我会非常高兴,我会重新开一个新东方厨师学校,说不定不做英语做厨师了,都是可以的。"

从这段演讲中,我们可以看出俞敏洪的坦然和豁达,豁达是一种超脱,也是一种大气,要拿得起放得下。人肯定要有追求,可追求是一回事,结果是另一回事。人生不如意十之八九,整天患得患失,为一些不知所谓的东西殚精竭虑,又怎么可能豁达呢?

就是在现实中,我们也更加愿意与豁达的人交往,那些心胸狭窄,整日只知道怨天尤人者,他们所能带能我们的只有悲观和沮丧。如此,谁又愿意靠近他们呢?豁达是一种气度,能驱散怨恨。在很多冲突中,一般人会因为自己的损失和难堪而大发雷霆、怀恨在心。但是豁达的人,他们表现出宽宏大量、豁达开朗、毫不计较的美德和风度。结果,他们不仅没有受到更大的损失,反而在不知不觉中平息了纠纷,博得了别人的颂扬和支持。

如美国前总统马辛利,因为一个用人问题,遭到议员们的强烈反对。在一次国会会议上,有位议员当面粗野地讥骂他。他极力忍耐,没有发作。等对方骂完了,他才用温和的口吻说道:"你现在怒气应该平和了吧。照理你是没有权力这样责问我的,但现在我仍然愿意详细地解释给你听。"他的这种豁达姿态,使那位议员羞红了脸,矛盾立即缓和了下来。

试想,如果马辛利得理不让人,利用自己的职位优势,咄咄逼人进行反击的话,那对方是绝不会服气的。由此可见,当双方处于尖锐对抗的状态时,豁达一点,能使对立情绪"降温"。

一个人只有豁达、开朗、宽容,才能接受别人,善于与他人相处。承认他人存在的意义和作用,才能被他人理解和接受,才能为集体所接纳,才能与别人互相沟通和交往,人际关系才会协调。

豁达是做人的美德,也是一种明智的处世原则,是人与人交往的"润滑剂"。常有一些所谓的厄运,只是因为对他人一时的狭隘和刻薄,而在自己前进的道路上自设的一块绊脚石而已;而一些所谓的幸运,也是因为无意中对他人一时的恩惠和帮助,而拓宽了自己的道路。

埃里森是一位保险行销人员,他的工作就是挨家挨户地上门推销公司

的保险产品。这个过程并不顺利,但是埃里森并没有沮丧,相反,每一次被拒绝,他都会对拒绝他的人真诚地说一声"谢谢"。

这一天,埃里森在一个街区推销保险时,客户仍然拒绝了他,他不知道这是第几次被拒绝了。他站起来,向客户深深地鞠了一躬,说:"谢谢你,你让我向成功又迈进了一步。"说完,他拎着公文包快步向门口走去。

这个举动让客户深感意外,心想:我把他拒绝得那么干脆,他怎么还要感谢我呢?好奇心驱使下,他叫住埃里森,问道:"我拒绝了你,为什么你还要对我说谢谢?"

埃里森转过身来,微笑着说:"我的主管告诉我,当我遭到20个人的拒绝时,下一个就会签单了。你是拒绝我的第19个人,再多一个,我就成功了。所以,我当然要谢谢你。你给我一次机会,帮我加快了迈向成功的步伐。"结果,客户思考了片刻后买了一份保险。

埃里森的故事告诉我们,只有如此豁达大度的人,才可能在逆境中取得成功。一个人做了对不起你的事,一般有两种心理,一种是感到悔恨、抱歉,希望给你补偿;另一种是认为"脸皮已撕破",无法挽回,从此与你为敌。其实只要心胸豁达地对待他人,那么对你来说就又多了一个朋友,少了一道堵墙。

幽默大师威尔·罗吉士曾说:"我从来没遇见过不喜欢的人。"宰相肚里能撑船,做大事者,必须心胸豁达。能容天下难容之事,就能成天下之人难成的大业。对于同事的批评、朋友的误解,唯有冷静、忍耐、谅解最为重要,过多的争辩和"反击"实不足取。

任何时候都不要轻易动怒,不要与人斤斤计较,有时候自己吃点亏也不必看得太重。豁达大度永远都是人的一种美德,宽宏大量的人不管到哪都会受人尊敬。宽容大度是黏合剂,能容人就是团结各种人,受人拥戴;心胸狭窄者,小肚鸡肠,往往难以容人,大多是自私自利之徒,结果必是孤家寡人。

7. 引导比批评更重要

在现实生活中，因为做错了事情，或者是工作中出现了失误，而被领导、家长，或者是老师训话，是常见的事情。但是效果怎么样呢？下次该犯的时候，还是照样犯。伟大的心理学家席莱说："我们极希望获得别人的赞扬，同样的，我们也极为害怕别人的指责。"批评所引起的愤恨，常常会降低员工、家人以及朋友的士气和情感，而所指责的状况仍然没有获得改善。

其实，在批评之前，我们首先要搞清楚，批评是为了什么，是为了指出他的错误，给他启发，引导他改进，从而让他走到正确的道路上，而不是为了批评而批评。这样来说的话，这当中的重点是引导，而不是指责。所以当别人做错事的时候，我们应当设法去引导他们，而不是一味地指责。

俞敏洪在《在绝望中寻找希望》的演讲中说道："高中生跳楼自杀有人认为是谈恋爱，谈恋爱是不会的，只要有家长正确引导是不会的，老师看到学生谈恋爱，说道德不正确，家长再骂一顿。高中生谈恋爱是正常的，关键是要引导他。如果失恋了要引导他，告诉他如果你没出息的话，只是走掉一个女孩；如果你成功了，有千百个女孩在等着你。让孩子这种心理的压力完全来自于社会，来自于老师的压力，这个压力怎样化解掉？"

美国《实验社会心理学》杂志刊登的一项研究结果显示，领导经常指责下属会对组织产生不易觉察但却具有毁灭性的影响。由于担心受到指责，下属会变得不愿冒风险，缺乏创新和创造力，不愿意从错误中学习。

生活在这种消极氛围中，无论对于组织还是个人都会造成很大的负面影响。

在日常工作生活中，有些领导认为，员工犯了错就应该严厉批评，并不问青红皂白，不顾场合和方式方法一味指责。这很容易影响员工工作的积极性，甚至还会让员工产生"破罐子破摔"的心态。由此可见，简单的、不问青红皂白的批评，只能解一时之快，对犯错误者改正错误往往起不到好效果。

前美军海豹突击队队员马特·欧文在《艰难一日》这本书中写了这么一件事情：他小学毕业时父亲送给他一支步枪，并教育他"尊重枪，更要体面地用枪"。但有一次，他和父亲狩猎回来，由于天气冷得出奇，麦克心里只想着暖和暖和，擦枪时没有检查枪膛里是否有子弹，就着急瞄向地面扣动扳机。子弹从枪管呼啸着飞了出去，落在壁炉前面的地板上。

父亲发现后并没有批评他，而是蹲下来陪他一起回放刚才发生的那一幕，一遍遍地演示正确的擦枪步骤，直到麦克牢记为止。这件事对麦克的影响很大，他终身铭记父亲的教诲，严格按照操枪要领练习。

其实，每个人对自己的工作都有一个力求完美的愿望。当被发现工作有瑕疵的时候，人的羞耻心往往油然而生，并渴望别人谅解和尽快修复过失。这时候如果只是受到领导一味地简单指责，缺乏理解和沟通，员工就可能会因为积极性和自信心受挫而导致逆反心理，容易造成上下级关系的紧张，影响工作进展和人与人之间的和谐。

作为一个领导者，应该明白指责的目的是什么？应该是让员工改正错误，或者不再犯同样的错误。因此在处理问题时应当对员工多一点理解、多一些开导、少一些责备，帮助其分析问题根源，引导其解决问题。

美国奥克拉荷马州有一位安全协调员。他的职责之一是监督在工地工作的员工戴上安全帽。一开始的时候，他一碰到没有戴安全帽的人，就官腔官调地告诉他们，要他们必须遵守公司的规定。员工虽然接受了他的纠正，却满肚子的不高兴，而常常在他离开以后，又把安全帽拿了下来。

后来，他发现了一种更好的办法，每当他发现有人不戴安全帽的时候，他就问他们是不是安全帽戴起来不舒服，或者有什么不适合的地方。然后他以令人愉快的声调提醒他们，戴安全帽的目的是在保护他们不受伤害，建议他们工作的时候一定要戴安全帽。结果是遵守规定戴安全帽的人愈来愈多，而且不会造成愤恨或情绪上的不满。

我们永远不要希望别人是从善如流的圣人。历史上固然有古人闻过则喜的美谈，但那是修养非常高的人才能达到的境界，在现实生活中，绝大多数人是不可能"闻过则喜"的。孔老夫子说得好，"己所不欲，勿施于人"，想一想如果你受到别人的指责，自己会怎么样，你就会预见到别人面对指责的反应了。

所以，在批评指责别人时，为了达到批评的目的，我们可以运用一些批评的技巧。如：通过列举分析历史人物是非，烘托其错误；通过列举和分析现实中的人物的是非，暗喻其错误；通过分析正确的事物，比较其错误；还可采用故事暗示法，用生动的形象增强对他的感染力；笑话暗示法，通过一个笑话，使他认识错误，既有幽默感，又使他不至感到尴尬；轶闻暗示法，通过轶闻趣事，使他听批评时，受到点影射，也易于接受。

总之，通过提供多角度、多内容的比较，使人反思领悟，从而自觉愉快地接受批评，改正错误，这才是批评的关键意义所在。

第九章　睿智——才思敏捷机智过人

8. 逻辑思维，说话有条理

说话必须要有逻辑性、有条理，只有这样，接收者才能清晰地提炼出你所要传达的意思，从而不至于产生误解。无论是演讲、说话、论辩都需要有较强的语言逻辑能力，没有这种能力也就不可能有一张悬河之口。

从俞敏洪的诸多演讲中，我们可以看出他的语言就非常有条理。例如，他在新东方教育科技集团2012财年获奖人员集团领导见面会上，所做的那篇名为《一个优秀的人的标志和特点》的讲座。

在这篇演讲中，俞敏洪首先说"因为新东方有三万名员工、老师和管理者，我们在座的三百多位，平均每一位代表了差不多一百位员工，也就是说你们是百里挑一或者百人挑一挑出来的新东方的优秀代表。"引出了"优秀"的主题。

然后感谢员工，因为"我们在座的代表都是引领着新东方的发展，是你们做出的榜样的力量，使新东方能够得以不断地进步、不断地成长。"因为大家都是优秀的人，所以应情应景地提出了"一个优秀的人的标志和特点"主题。

接着，又说"获得优秀代表的称号不是你们的目的，它只是你人生道路上的一个小小的点、一个小小的荣誉。"以此提出："人无完人。我一直在向优秀的人靠近，我这辈子一直在追随优秀的人的脚步"的观点。

那么，我们怎么向优秀的人靠近呢？那自然就需要一个优秀的标准，接下来，他便依次阐述了八条观点。

俞敏洪的这篇演讲虽然篇幅不短，但是主题明确，有条有理，听上去通俗易懂。事实上，一个人说话时如果主旨明确、内容相关、有条不紊，这样就能使人很容易领会；相反，谈话时主旨不明、杂乱无章、前后不一，这样叫人很难领会其中的道理，增加人的厌烦。

说话的主题决定了一个谈话的中心意思。只有中心明确，才能解决说话的集中性、连续性和条理性的问题。生活中无论简单的说话也好，还是复杂的演讲、辩论也好，都要有条有理，要言多不繁。

说话有逻辑性还表现于上下协调、前后对照，不能前后不一，前边说一种思想，展示一种做法，后边自己又变了。我们表达思想从始至终要一样，不能一味地随心所欲说变就变，想怎么讲就怎么讲。

此外，还要言之有序，分清层次。世界上的事情是错综复杂的，要把它说得有条不紊，就必须考虑说话内容的顺序。先说什么，再说什么，最后说什么，要做到心中有数。通常来说，事情总有个开始和结束的过程，而各个阶段又时常有时间和空间的差异。可以按事情发展的先后顺序，或按空间位置的转换逐一说明，就会显得有条有理。若不然，即便是一件很简单的事情也会被扯乱。

其实，说话并不是一种负担，也不需要特意练习，只要平时多和人交流，把自己的想法表达出来，渐渐地就会使我们善言、乐言。说话的关键无非就是你所阐述的观点和所依据的理由，只要把这些信息编排一下次序，再告诉别人，那么你也就具备良好的语言表达能力，有可能说服别人。

在春秋时期，晋国和秦国联合包围了郑国的都城，郑国危在旦夕。烛之武受郑文公的委派，见了秦穆公。烛之武说：

"秦、晋两国围攻郑国，郑国已经知道要灭亡了。如果灭掉郑国对您有好处，您劳师动众自然还值得。但是隔着晋国的大片疆土来把远方的郑国作为贵国的边疆，您知道是困难的，您何必要灭掉郑国而增加邻邦晋国的土地呢？

"邻邦的国力雄厚了，您的国力也就相对削弱了。假如放弃灭郑的打

算,而让郑国作为您秦国东方道路上(招待过客)的主人,秦国使者往来,郑国可以随时供给他们所缺乏的东西,对您秦国来说,也没有什么害处。

"况且,您曾经对晋惠公有恩惠,他也曾答应把焦、瑕二邑割让给您。但他是怎么做的呢?他早上渡河归晋,晚上就筑城拒秦,这是您知道的。那个晋国,哪里会有满足的时候呢?等它在东方向郑国开拓了疆土,就会再向西方去搞扩张。如果不去损害贵国,它又好向哪里去夺取土地?像这样损害贵国来养肥晋国的做法,您要多考虑啊!"

秦穆公听完他的话,打心底同意,于是便跟郑国定了和约。晋国看到这种情况,也就撤兵回国了。

就因为烛之武这一番话,使郑国免了亡国之祸。从这番话里,可以得到一些启发。就是说话要有中心。烛之武撇开郑国的存亡不谈,紧紧围绕灭郑对秦国的利弊来谈,这就突出了问题的关键,使秦穆公透过错综复杂的关系,认识到灭郑只能加强晋国、削弱秦国,从而接受了烛之武的观点。细想一下,如果烛之武在谈话中节外生枝,淹没了谈话的中心,与秦国的利益无关的话说了很多,那么就不可能取得这样的好效果。

说话其实就像是画画,要先"胸有成竹"。比如,我们所要画的是"盛夏的小湖边",那么我们就要观察一下这个湖的周围都有些什么。有树?有山?有凉亭?还是有游人?然后明确主题,我们要画的主要是什么,如果是"湖",那么,其他青山绿树,还有人,就全部都是衬托小湖的背景。

9. 抓住核心，问出本质

在日常生活中，有的人习惯于喋喋不休、滔滔不绝地高谈阔论，却又词不达意，语无伦次，让人听而生厌；有的人喜欢夸大其词，侃侃而谈，满嘴跑火车，说话不留余地，结果只能造成画蛇添足的恶果。

俗话说"吹笛要按到眼儿上，敲鼓要敲到点儿上"。说话也是如此，话不在多，点到就行。尤其是生活节奏不断加快的现代社会中，又有多少人愿意花费大量的时间去听长篇大论呢？因此，抓住本质，一针见血，是好口才必须讲究的一个重要问题。说起话来千万不要东拉西扯，不知所云。

俞敏洪说话向来善于抓重点，下面是他在《赢在中国》节目中与选手的一段对话：

俞敏洪：你在重庆建筑大学学了市场营销。但在读大学本科的时候，你又自学了西南政法大学的法学本科专业。并且你曾经立志在北京、上海、深圳工作，这是立志，并没有真正去工作对不对？

丁恒立：北京、上海做到了，深圳经常往那儿出差。

俞敏洪：你同时自考法学本科，原因是什么？

丁恒立：我对法律有自己的追求，我当时的梦想是成为一个律师，拥有一个自己的律师事务所。

俞敏洪：后来为什么没有去做律师？

丁恒立：后来觉得这行当不太适合我干。

俞敏洪：原因呢？

丁恒立：我原以为法律就是很公正的，结果发现中国的法律从业者也有很多潜规则，我看不起这种潜规则。

俞敏洪：我想中国的孩子大概到 18 岁就已经知道，中国的法律可能是需要改进的。不仅仅是有法律公正的问题，你一定是有自身的问题。放弃了法律的追求，你认为最大的原因是什么？

丁恒立：最根本的原因还是对利益的追求。因为在 1996 年我父亲去世了，整个家庭的重担就在我和我哥身上，要养老母亲，要养老奶奶。

在这段对话中，选手丁恒立开始说自己之所以没有当律师，是因为看不起法律界的潜规则。但是俞敏洪却抓住核心，说这种这种事情"中国的孩子大概到 18 岁就已经知道"，认为丁恒立所说的不是本质上的原因。丁恒立这才说自己放弃的最根本原因是"对利益的追求"。

俗话说，话多不如话少，话少不如话巧。这个"巧"体现的不只是智慧，还有勇气。在孟非所主持的民生节目中，曾就南京的公厕是否可以不收费的问题，针对城管部门的说法评论道："一所公厕一年的维护费需要四万元，这笔开支太大，暂时无法解决，还要靠收费来维持公厕的正常运转，要说没有钱，谁会相信？"

而当孟非采访某个卫生部门负责人时，他毫不客气地问："都说看病贵难解决，为什么进口的一个人造髋关节只有一两百美元，而用到患者身上却要四五万元？一个心脏支架进口只有几十美元，用到患者身上却要一两万元？"孟非的直接逼得那个代表顾左右而言他："我们的医疗卫生事业还要加大投入……"

说话时候抓住要害，往往能使对方心悦诚服，收到意想不到的效果。一位著名律师曾说过："在一场官司的辩论过程中，如果第七点议题是关键所在，我宁愿让对方在前六点占上风，而我在最后的第七点获胜。这一点正是我打赢官司的主要原因。"

语言上讲究抓主要害，不是让你说话的时候专戳对方的伤疤，而是开门见山，不绕弯子，明确而清楚地表明自己的态度。最忌讳的讲话是说话者说了半天，听众还不知道他究竟想表达什么。我们要试着减少不必要的语言累赘，学习一语破的的艺术，定然能在沟通中令人刮目相看。

王充是东汉著名哲学家。东汉时期，很多人都认为，人死了，灵魂会变成鬼。有人还说自己真的见过鬼，说鬼的样子和穿戴跟人活着时候一模一样。王充一下子就抓住他们的破绽，嘲笑地问道："你们说一个人死了，他的灵魂能变成鬼，难道他穿的衣服也有灵魂，也变成了鬼吗？照你们的说法，衣服是没有精神的，不会变成鬼。如果真的看见了鬼，那它该是赤身裸体、一丝不挂才对，怎么还穿着衣服呢？"

他的话让对方张口结舌。王充还很风趣地说："从古到今，不知几千年了。死去的人，比现在活着的人不知多多少，如果人死了就变成鬼，那么路上将到处是鬼了。人要是能看见鬼，就该看到几百万、几千万，满屋子、满院子都是，连大街小巷都挤满了鬼。可是，有几个人见过鬼呢？那些见过的，也只说看见一两个，他们的说法岂不是自相矛盾的？"

王充的论证，就如同当头一棒，驳得他们哑口无言。

在武侠小说中，有一招致命的绝招，就是高手在一招之间，击中对方的要害，而置人于死地。说话时，如果能直指重点，而不是拖泥带水，也能产生一招致命的结果。

口才差的人，说话最大的一个毛病便是喋喋不休，说了一大堆，也没有道明话题的主旨，反而还认为自己说出的话很棒。真正会说话的人，就必须要能够抓重点，能够在最短的时间内让对方明白自己所说的意思。

第十章

风趣——迅速拉近彼此的距离

1. 自我调侃：一只"土鳖"带着一群"海龟"奋斗

自我调侃算是说话口才中的一个较高的境界，是缺乏自信的人不敢使用的技巧，因为他要你自己嘲弄自己，把自己当作笑料来嘲弄。也就是拿自己的失误、不足，甚至是生理缺陷来开玩笑，对于丑陋的地方不仅不掩饰反而将它放大、夸张，让人注意。然后引申发挥，自圆其说，来博得别人的一笑。可是说起自嘲，一个人如果没有豁达乐观的胸襟和超脱的胸怀是无法做到的。

俞敏洪就是一个敢于自我调侃的人，他曾经在许多次演讲中，将自己比作是"土鳖"。

例如，在"首届新东方留学高峰论坛"上，他这样说道："新东方有一句话是'一只土鳖带着一群海龟在那儿干'，我就是属于'土鳖'，包凡一、徐小平就是属于'海龟'。为什么能干到今天？有一个比较重要的原因，就是因为中国的土地比较干旱，海龟在土地上爬有时会失去方向，土鳖本来就土，在土中间长，带着一群海龟共同呼吸大洋彼岸的空气，又能够熟悉中国的土地，结合起来可能多做一点事情。"

而在西华大学"激情成就梦想"演讲会上，他则这样说："从最开始的一只土鳖带着一群海龟干活，到一群海龟拉着一只土鳖干活，再到一只土鳖和一群海龟共同干活，这就是新东方的发展，而我就是那只土鳖！"

在适当的时候，适度的自嘲，可谓是一种良好的修养，一种很乐观的态度。人际关系中，特别是在与陌生人相处时，适当的自嘲不但能够活跃谈话气氛，消除紧张，而且还会产生幽默的效果，让大家对你刮目相看。

自我调侃，让自己笑，同时也让大家笑一笑，可谓是一种很高明的交际口才。人是很特别的，比如说一个人想要嘲笑你的缺点，但当他发现你自嘲的时候，反而就会不好意思，这就叫"巴掌不打自嘲人"。

阿丘是央视的著名主持人。他小个头、八字眉、厚嘴唇，普通话不太标准，算得上是"央视另类"。但很多人却为这个"另类"深深着迷，不仅因为他所说的新闻故事，更因他那独特的个性和引人入胜的锦绣口才。

仅从外表看，阿丘确实其貌不扬，尤其在俊男云集的央视，他的形象更"有点儿对不起观众"了。有一次，他作客某网站，有网友问他自信的源泉是什么？

阿丘回答："按照北方人的身材来说，我算是'残疾人'。但人活在这个世上如果只能靠肉体、空间来论优劣，那未免太落后了。我的自信源于从小对自己的一种磨炼。有句话叫'不识庐山真面目，只缘身在此山中'，由于我个子比较矮小，从小到大每次照集体照，我都站在最后一排的最边上。这个位置侧身我能看见每个人的表情，别人却发现不了我，我自得其乐。我习惯被别人轻视，我永远不会是主嘉宾，而是个旁观者，就像躲在黑暗处的猫头鹰。"

拿自己开玩笑是一种境界。阿丘张口就称自己是"残疾人"，令人瞠目。但这只是虚晃一枪，随后一句"如果人只靠肉体、空间来论优劣，未免太落后了"，便化解了所有尴尬。接着，阿丘正面回答了问题——我的

自信源于长久磨炼。

自嘲的人表面上看起来是消极的,其实是积极地促使谈话往好的方面发展的一种有效的手段。醉翁之意不在酒,表面的嘲弄而非真正意义上的嘲弄,表面消极其实却另藏底蕴。所以自嘲在很多的场合具有很特殊的使用价值。

在某些时候,遇到尴尬是常有的事,如果不能及时化解,就会破坏和谐的人际关系,以至影响自己的形象。那么面对尴尬时,幽默自嘲就是一个理想的化解之道。它就像一束阳光,能瞬间驱散尴尬的阴云,还你一片艳阳天。

美国总统里根在任时,有一次去加拿大访问,在一座城市发表演讲。在演讲过程中,有一群举行反美示威的人不断打断他的演说,让陪同的加拿大总理皮埃尔·特鲁多非常尴尬。面对这种窘境,里根反而带着微笑说:"这种事情在美国是经常发生的,我想这些人一定是特意从美国来到贵国的,可能他们是想使我有一种宾至如归的感觉。"三言两语,就将外交场合中的尴尬化解了。

而另一位美国总统林肯,也是善于用自我调侃来化解尴尬的人。林肯的容貌不好看,他就常常借此拿自己开玩笑。一次,他和斯蒂芬·道格拉斯辩论,道格拉斯说他是两面派。林肯答道:"现在,让听众来评评看,要是我有另一副面孔的话,您认为我会戴这副这么难看的面孔吗?"

自嘲的基础是自信。不自信的男人,不可能拿自己开玩笑。你让阿Q拿自己的"癞头"开玩笑,那是万万不能的;不但不能,就算你提到"灯",他也会跟你急,轻则"怒目主义",重则"他奶奶的"。有了自信,才敢自曝家丑。小品演员潘长江,身材矮小,但不自卑,自称"袖珍男子汉",常拿自己的身高开玩笑,一句"凡是浓缩的都是精品",成为一种自信的象征。

自我调侃不是自轻自贱，更不是自取其辱。他是一种大智若愚，能制造宽松和谐的交谈气氛，能使自己活得轻松洒脱，使人感到你的可爱和人情味，不仅可以博得一笑，同时也给自己留一条开阔的路。

第十章

风趣——迅速拉近彼此的距离

2. 理不歪，笑不来：
"不如买一个哈佛文凭算了"

有人说："幽默是上帝赋予人类最宝贵的财富。"虽然它不是一种科学理论，你不能指望它帮助你解决发明创造的难题；你工资入不敷出，它不能变成钞票；你考试成绩下降，它不能变成分数。但是在人际交往中，如果你拥有足够的幽默感，那么必然会获得许多的友谊，所到之处，也定然会是一片欢乐和融之气氛。

如何才能拥有幽默感呢？其实在很早之前，人们已经总结出构成幽默感的规律，那就是"理不歪，笑不来"。如果你说咸鸭蛋是用盐腌了才咸的，这就不叫幽默。如果你敢于把道理"歪曲"一下，说咸鸭蛋之所以咸，因为它是咸鸭子生下来的，这才叫做幽默。

俞敏洪是一个善于用歪理表达幽默的人，在他的《站在哈佛讲台上》一文中，他这样写道：

"我说你们来到哈佛商学院上学并不一定就等于成功，要毕业后找到一个好老板得到一份好工资才算成功，比如 Joe 找到了我这样的老板就算成功了。学生们就大笑。

"我又说一个人长得高大好看，英语讲得好并不一定管用，比如 Joe 长得这么好看英语那么好，我长得这么难看英语那么差，但是我还是他的老板。学生们哄堂大笑。气氛一下子变得特别热烈。

"紧接着我陈述了新东方的发展历史和未来的发展战略，讲完后学生开始提问，有一个学生问了一个很长的问题，我还没有回答他又问了另外一个问题，我就故意说对不起，我已经把你前面的那个问题忘了。结果全班同学又大笑。

"当有学生问我，原来想到美国来读书没有钱，现在有了钱还愿不愿意到哈佛来读书时，我说我还是很愿意的。但是想一想，觉得读书太麻烦了，既然已经有钱了，我不如买一个哈佛文凭算了。结果学生笑弯了腰。"

"读书太麻烦，不如买个哈佛文凭"，这自然不是俞敏洪的真实想法，他只是用这个歪理来展现出自己的幽默。

幽默不需要科学的严谨，也正因为幽默不严谨，它才可以偷换概念、指鹿为马、不伦不类、假痴假呆、故作蠢言、答非所问、自相矛盾、将谬就谬、歪打正着、强词夺理、歪解因果，总而言之，它用一种与通常逻辑不同的逻辑去思考问题。

比如，你看见了一个非常胖的人，你可以说："你长得真胖。"这很自然，很正确，很科学，很令人信服，几乎没有争辩的余地。但别人未必爱听，而且也一点都不搞笑。但是如果你夸张地对他说："天哪，我想地球肯定对你有偏爱，他给你吸引力比给我们的都大！"这样肯定比你直接说："你怎么又胖了"要强得多。

善用歪理是许多人制造幽默的方式，它主要有以下几种方法：

1. 曲解原义

曲解原义法就是利用众所周知的古代或现代的经典文章和词句作背景，然后做出歪曲的、荒谬的解释。新旧词义、语义之间的距离越大，效果就越滑稽诙谐。在导致荒谬的各种办法中，喜剧性效果比较强的要算歪解经典，因为经典最具庄严的意味，语言又多为人所共知，一旦小有歪曲，与原意的反差就十分强烈。

比如说有人故意这样解释论语：《论语》上说"冠者五六人"五六三十也，"童子六七人"六七四十二也，一共不是七十二人吗？

"父子之道天性也"这句话，不是说得明明白白天姓"也"吗？

"一诺千金"怎么解释？"千金"者小姐也，"一诺"者答应也，意思

是"小姐啊,你答应一次吧。"

2. 将错就错

有些时候,许多人会故意理解错对方的意思,以此来表达自己的幽默。

比如一出版商有一批滞销书久久不能脱手。一天,他忽然想出了主意,给总统送去一本书,并三番五次地去征求意见。忙于政务的总统不愿与他多纠缠,便回了一句:"这书不错。"

出版商便大做广告:"现有总统喜欢的书出售!"于是,这些书便被抢购一空。

很显然,"这书不错"并不是总统的本意,这是出版商也知道的事实,但是他就是故意将错就错,曲解总统的意思,以此来达到自己的目的。

3. 装傻充愣

装傻充愣是答非所问的一种,即回答别人问题时,利用语言的歧义性和模糊性,故意错解对方的说话,问东答西。这种说话方式在回答对方的问题时,往往都会出奇制胜,产生特别的幽默感。

美国前总统威尔逊在担任新泽西州州长时,曾接到华盛顿的电话,被告知,他的朋友,代表新泽西的议员去世了。威尔逊深为震动,立即取消了自己当天的一切活动。几分钟后,他接到了新泽西州一位政治家的电话。那人说:"州长先生,我希望代替那位议员的位置。"威尔逊闻言慢吞吞地说:"好吧,要是殡仪馆同意,我本人完全赞同。"

很明显,那位政治家想要代替的"位置"是政治地位。威尔逊是不可能不知道的,他故意充愣装傻,把打电话的政治家所要代替的"位置",利用语言的歧义说成是"死人躺下的地方",既让那位钻权者啼笑皆非,也给予他有力的嘲弄。

4. 夸张表达

很多时候,幽默都离不开夸张,因为夸张会造成变形变态的出奇。在不少民间笑话里,就常用夸张来编笑话。例如,《笑林》里有一则《不请客》：一人性极吝，从不请客。一日，邻人借其家设宴。有见者问其仆曰："汝家主今日请客乎？"仆曰："要我家主请客，直待那一世来。"主人闻而骂曰："谁要你许他日子。"

这样的夸张就显出幽默感来了，因为夸张到吝啬得出奇。出人意料，又合乎情理。这些故事情节都是编出来的，也就是按照这种造成滑稽的方法编的。

3. 就地取材，幽默无处不在

一个人说话的最高境界就是手到擒来，而幽默的最高境界则是就地取材。幽默是我们生活中所不可缺少的调剂人际关系的润滑剂，同时也是博得他人好感的最好方式。交际场中的"老手"们往往都明白，如果把幽默感的神奇力量注入潜意识之中，就可以使自己更容易让人亲近，更富有人情味。

俞敏洪的幽默，不仅体现了他豁达的人生态度，同时也让他在圈内外备受好评。因为很多时候他的幽默都是就地取材，既能够很好的把握现场气氛，也让自己与对方之间有了生动而又强烈的互动。

比如，有一次俞敏洪去哈佛大学演讲。演讲结束之后，他和几个哈佛商学院的教授去教师俱乐部共进午餐。结果在前往餐厅的途中，俞敏洪发现了很多警察和便衣，一打听才知道是尼日利亚的副总统（vice-president）来访问，于是他便开玩笑说："vice-president（副总统）来访问你们这么重视，我这个president（总裁）来，美国政府却不在乎，这也太不公平了。"一句话逗得在场诸人哈哈大笑。

在午餐的时候，俞敏洪和大家进一步探讨了新东方案例，希望能够进一步完善，为下一届学生所用。这时，俞敏洪的幽默细胞又开始动起来了，他笑着说道："希望明年新东方的案例，不会变成讨论为什么失败的案例进入哈佛课堂。当然，就算失败了，我也会来谈失败的体会。"这一句话又把大家给逗乐了。

就地取材的幽默是快乐的催化剂，它的特点就是与情境相关，具有突发性和出其不意的效果。把这一特点运用到社交生活中，会让人觉得独特而富有新意。

有一次董卿作为主持人参加"飞天奖"颁奖礼，颁奖场地设在了"水立方"国家游泳中心。颁奖典礼上，当优秀导演获得者康洪雷和郑小龙同时登台领奖时，站在舞台两侧的礼仪小姐挥舞着绸带，整齐有序地跳入水中，以这种仪式感极强的方式，对获奖者表示祝贺。

但此时董卿却幽默地说道："看到两位才华横溢的导演走上台的时候，我们的姑娘们都倾倒了，倒在了水池里，以朵朵浪花迎接着你们，看来我们21世纪的男性，同样也有沉鱼落雁的气势。"场下一片笑声和掌声。

对独特的礼仪，董卿就地取材，妙语连珠，将"设计好的跳入水中的动作"曲解成"为导演魅力倾倒"，真是妙不可言，既表达了对获奖者的赞美，又活跃了现场的气氛，更显示了一位优秀主持人所具有的幽默风趣和伶牙俐齿。

就地取材的幽默更多的是简洁的俏皮话、诙谐的双关语、风趣的醒警句等，它们就地取材顺手拈来，不露痕迹地将"笑"潜于事物的深层，使人们在笑声中得到心灵的充实。

一天，宋代文学家苏东坡到一位朋友家喝酒，当时在场的还有另外一位客人。桌上有一盘红烧麻雀，那位客人一连吃了几只，直到盘子里只剩一只了，这才请苏东坡吃。苏东坡却很客气地推辞说："你还是全吃了吧，免得它们散了伙。"

一句看似随手拈来的话，高雅得体，态度和善，幽默而又不失分寸，在不伤害对方的前提下，巧妙地将那位不顾旁人，贪吃失雅的客人讽刺了一下。

著名作家王蒙先生一向以诙谐、机智、幽默的语言为人称道。一次，他应邀到上海某大学演讲。一开始他就说："由于我这几天身体不太好，感冒咳嗽，不大能说话，还请大家谅解。不过，我想这也不一定是坏事，这是在时刻提醒我——多做事少说话……"幽默的开场白立刻引起了台下

的笑声和掌声。

一位年轻的画家拜访德国著名画家阿道夫·门采尔时，很不服气地发牢骚说："我真不明白，为什么我画一幅画只要一天功夫，可是卖出去却要花整整一年？""请倒过来试试吧，亲爱的。"门采尔听了他的话后严肃地说，"要是你花一年的工夫去画它，那么，只要一天的工夫，就准能卖掉它。"

门采尔这句话幽默诙谐，在轻松温和的气氛中，巧妙警醒了年轻画家的浮躁心态，让人得到教育的同时记忆深刻。

生活当中，幽默无时不在，只要你留心，注意收集，就会发处处都有幽默的素材。

当然，要达到信手拈来的程度并不是一蹴而就的，需要经过长期的沉淀与积累。有些人出口成章，其实这些东西都是背的，平时有空就找一些幽默感的书，或者说笑话大全，本身里面就提供了幽默的题材。你经常背，脑子里充满这些东西的时候，当你看到一个事物，就会立刻把一个笑话运用过来，让对方很深刻地记住。

风趣幽默的语言往往能产生"四两拨千斤"的作用，达到举重若轻、一言九鼎的交际效果。尤其是在摆事实、讲道理的时候，如果能够加以幽默的成分在里面，并且能够根据当时的情况就地取材，那么就可以达到让人精神一振的效果。

美国一位心理学家曾说过："幽默是一种最有趣、最有感染力、最具有普遍意义的传递艺术。"幽默是快乐的源头，只有能够把幽默顺手拈来，在生活中才是一个快乐的人。掌握了这样的艺术，不仅能够娱人，还可以悦己，岂不是一件两全其美的好事？

4. 化解尴尬的机智妙语

在生活、工作中，我们常常遇到尴尬场面。如果处理不好，很有可能损坏自己的形象或使他人很没面子，从而影响活动气氛。如果随机应变，幽他一默，巧言妙语回答，不但能够很好地化解尴尬，而且会使气氛更加浓烈。

例如，2009年6月2日，俞敏洪应邀来到同济大学做演讲，因为他其貌不扬而又不修边幅的，结果一上台，就引起场下一片"嘘"声。

俞敏洪看看大屏幕上自己的巨幅头像，微笑着戏谑说：

"没想到同学们把我如此'高大'的形象放在大屏幕上，这就是理想与现实的差距。我相信同学们看到我的第一眼一定感到非常失望。实际上，每一个人都是非常普通的，我们会发现生命中非常重要的东西，跟我们未来的幸福和成功，其实没有太多的联系。

"比如，有人认为，长相跟未来的成功会有很多的联系；有人认为，自己的家庭背景会跟成功有必然的联系，如果是高官厚禄出身似乎更加容易取得成功；有人认为，上名牌大学的人会成功，在大学里成绩好的人比学习成绩差的人更加容易取得成功……所有这些因素有部分可能对，但是大部分基本无效，比如说长相。"

遇到让自己尴尬的事情，通常人的第一反应是逃避亦或是恼羞成怒，又或者急切地希望有人能来为自己救场。但是俞敏洪没有这样，他只是自如地运用自己的幽默智慧，让尴尬烟消云散。

幽默是机智、成熟的象征，更会给人以从容不迫的感觉。只要懂得运

用含蓄而温和的玩笑，用幽默的暗示达到自己的目的，你也可以成为一个能用幽默化解尴尬、被动局面的幽默口才专家。幽默能让人在尴尬的场面里发出笑声，能帮人应付生活中最让人伤脑筋的尴尬局面。

有一位先生在一家西餐厅里用餐，他正要喝汤的时候，忽然发现汤里有一只苍蝇。他扬手招来服务生，面带讽刺地说："请问，这东西在我的汤里干什么？"服务生弯下腰，仔细看了半天，回答道："先生，它是在仰泳！"餐馆里的顾客被逗得捧腹大笑。那位先生也因此冲散了勃然大怒的情绪，在对方礼貌道歉后不予计较。

尴尬紧张的气氛总会在人的意料之外突袭，令人防不胜防。当你陷入某种难堪境地时，生气、动怒乃至暴跳如雷，都难以摆脱窘境。但习惯了使用幽默言语扭转局面的人清楚，一两句机智、巧妙的话语就可以打破沉寂，化解难堪，使心中的不快烟消云散。在轻松愉快的笑谈之中暗藏斥责，往往能化难为易，并且常常能在不露声色、和风细雨中，巧妙地达到猛烈抨击对方、鞭挞对方的目的。

萧伯纳是英国著名的文学家。某一天，萧伯纳一个人在街上散步，一个冒失鬼骑着自行车把他撞倒在地上，幸好只是虚惊一场，萧伯纳没有受伤。但骑车的年轻人却没有道歉的意思，于是萧伯纳故意惋惜地说："先生，你的运气真不好，要是把我撞死了，你就可以名扬四海啦！"骑车的人听闻此言，才认出萧伯纳，于是连连道歉。

尴尬时刻，面带笑意地幽默一下，却往往胜过费尽心机的辩解。而且能够在这种情况下保持神志清醒，并能够用轻松的话语进行调侃，本身就显示了优雅的人格魅力。

大哲学家苏格拉底就是一位非常有幽默感的人，他对别人的错误从不采取指责的态度。同样，他对于自己的处境也很少感到窘迫或者为难，而是采取一种迂回的方式来表明看法或者化解尴尬。

据说苏格拉底的妻子性情十分暴躁，经常会当众给人人敬仰的大哲学家难堪。

一次，苏格拉底在同几个学生讨论某个学术问题，他的妻子却忽然叫骂起来，继而又提起一桶凉水冲着苏格拉底泼了过去，让苏格拉底在学生们面前彻底丧失了尊严。

当学生们感到十分尴尬而又不知所措的时候，却见苏格拉底诙谐地笑道："我就知道打雷之后一定跟着要下雨的。"

仅仅是一句话而已，他的妻子顿时没了脾气，阴转晴。同学们也都忍俊不禁地大笑起来，但更敬佩的是这位智者明哲的高超文化素质、艺术修养以及他那坦荡的胸怀。

人人都喜欢幽默，因为幽默能够使交谈的内容变得更加生动活泼，气氛变得轻松愉快。所以，当一个人处境困难或者陷于尴尬的境地时，最巧妙的化险为夷之法就是利用幽默。在办事的过程中，遇上尴尬困境时，如果能运用幽默，也许绝境中会获得新生，既给自己一个台阶，也给对方一份安慰的赠礼。

幽默是一种能博得好感、赢得友谊的好方法，尤其是在遇到那些没必要争执或不值得争执的问题时，幽默更能收到很好的效果。倘若真遇上不顺心或者尴尬之事，一定要学会利用幽默，找到排解的方法，这样才能化惆怅为欢乐。

5. 偶尔调侃下别人

在语言交流上，适度的调侃的确可以彰显自身的幽默与机智，还可以无形中拉近彼此的关系，给人亲切感。因此，朋友之间若能心无芥蒂、毫无隔阂，开句玩笑，贬低一番对方，互相揶揄几句，反倒显得亲密无间。在社交场合之中，也是这样，善意的调侃，会让彼此之间显得更加无拘无束。

俞敏洪在同济大学《不要以你的现状来判断你的未来》的演讲中，就曾拿马云来调侃：

"如果说一个人的相貌和成功有关，那就不会有马云和阿里巴巴。因为如果在座的同学认为马云长得好看，那一定是审美出了问题。

"当然，这并不意味着相貌好看的人就做不成事情。比如说，另外一位大家比较熟悉的公司老总百度老总李彦宏。李彦宏非常英俊潇洒，他所有的照片看上去都像电影明星一样，但是他也取得了成功。

"所以不管相貌如何，都能取得成功，只不过李彦宏和马云坐在一起吃饭的时候，他们通常不太愿意坐在相邻的椅子上，因为两个人的对照到了惨不忍睹的地步，解决的方法就是把我放到他们两个中间，起到一个过渡的作用。"

在这里，俞敏洪就是通过调侃别人打开僵局，也展示了自己的睿智与幽默。我们在交际中遇到尴尬时，也可以通过巧言调侃来活跃气氛，在开怀的笑声中，使尴尬消失于无形。

很多时候，我们与人交往时，不能过于严肃，因为这样难免会让人显得太过沉重。仔细想想，人生不如意事时有发生，若总是唉声叹气，生活必然一片灰暗，别人也不喜欢与这类人交往。如果换一种心态，换一种说话方式，就会显得诙谐幽默，大度自然，给人带去充满希望和快乐。

郭德纲就是一个会调侃的人，经常能够将别人调侃得哭笑不得，却又对他心生好感。比如，2006年张艺谋的《满城尽带黄金甲》的新闻发布会，郭德纲担任主持人，他在发布会上大显调侃之能事，整个现场全都被他逗得乐不可支。

发布会刚开始，郭德纲就先拿众人关注的谋女郎李曼开涮："长得真漂亮，特别像小陶虹。"李曼羞涩地转过头去，避开郭德纲的目光，没有想到却等来一句："这角度看就像潘长江了。"后来，郭德纲更是屡次用"郭式幽默"把现场每个人都夸了一遍。

当然，需要注意的是，调侃别人要掌握好分寸，不能恶意地讽刺、揶揄别人，尤其是那些可能让对方尴尬或误会的话不说为妙。凡事要有度，玩笑话若说过了头，难免引起误会或与目的适得其反。好口才的作用以愉悦他人、提升气氛、建立良好的关系为主，如果不能拿捏好尺度，即使语出无心，也难免因一时口快而招致麻烦。

美国前总统里根有一次在国会开会前，为了试试麦克风是否好使，张口便说："先生们请注意，五分钟之后，我将宣布对苏联进行轰炸。"此语既出，顿时全场哗然。为此，苏联政府提出了强烈抗议，令美苏局面尴尬。

里根总统的话虽幽默，但却脱离了当时的场合以及群众能够接受的层面，因而造成的结果不是幽默而是慌乱。这种让人尴尬的玩笑，就像"狼来了"的故事一样。自以为是在调侃别人，其实最后处于尴尬境地的人，只有自己而已。

调侃自己的时候可以适当地放开，但用在别人身上时就一定要注意分寸以及场合。很多人喜欢以别人的糗事或不足之处作为调侃的材料，然后不分场合地加以调笑。

这种情况，朋友之间或许不会在意什么，但如果不分对象，对陌生人也这样，自然就会冒犯到别人而不自知。而且即便是朋友之间，也要分时间和场合，私底下的调侃自然不是问题，但如果当着对方心爱或重要之人的面取乐对方，那就很难保证对方不心生芥蒂了。

因此，调侃别人之前，先要弄清楚你所选择的对象是否受得起你的玩笑。一旦玩笑过了火，就不再是幽默，善意的玩笑会变成恶意的耍弄，让对方颜面尽失，对你怨恨在心。明白什么样的环境下开什么样的玩笑，这是证明一个人是否会说话的重要标准。

调侃别人，要看对方的性别、身份、地位、阅历、文化素养以及性格。一般老朋友或亲人家属间调侃的尺度可以偏大一些，即使玩笑开得有些过火也无伤大雅。但如果对方是上级、名人、长者、陌生人，女性尤其是妙龄少女、性格忧郁或孤僻的人、对工作或职业不满的人，一般不宜随便开玩笑。

千万不能拿别人生理上的缺陷来调侃，比如，腿残、对眼、满脸麻子、驼背等等，对于一个人的不幸，应该是怜悯而非用来取乐。

同时，要了解对方是否喜欢开玩笑，对于原本就不善嬉笑常一脸严肃的人，大胆的调侃很可能令其尴尬或无从应变。

并且，不同的场合对幽默的言辞也有着不同的要求以及限制。比如，在比较高雅的宴会上，需要的是高情调以及高涵养，但这并非是禁止相互调侃，而是需要调侃的言语与这份高雅相协调。一个懂得在不同的场合可以恰如其分地调侃他人，给他人和场面带去欢乐的人，必然会引起大家的好感和关注。

像置身一些娱乐性、休闲性比较大的场合，适度的调侃犹如锦上添花。但在严肃的场合，庄重的会议，或葬礼等一些场合上则不宜跟别人取乐。

调侃本是一种善意的情趣，时刻牢记，我们调侃的目的在于活跃气氛，而不是诋毁他人。因此，在开口之前先考虑考虑，对方会不会因此而不悦。

6. 善于倾听的人更容易成功

俞敏洪曾说:"我这个人,性情比较宽容、乐于容纳,不会表现得特别强势也从不独断,我喜欢倾听朋友们的建议和忠告。"其实不单单是俞敏洪,几乎所有的成功企业家,无不是伟大的学习者,他们善于倾听,冷静沉着,才创造出惊人的成就。

倾听就像海绵一样,汲取别人的经验与教训,使你在人生道路上少走曲折的弯路,经过你有目标的艰苦奋斗,使你能顺利地到达理想目的地。

俞敏洪在《我们该用什么样的态度对待朋友》一文中说道:"新东方的董事们在一起开会的时候,互相之间的批判是源源不断的。但是所有被批判的人都是坐在那儿非常友好地倾听,并且最后表示感谢。这就是新东方这个团队到今天还没有散架的原因。很多人都希望自己的心声能够有人倾听,但这个世界的麻烦是想说话的人太多,不加思考说话的人太多,但是善于倾听的人太少。所以如果你变成一个善于倾听别人的人,你就能学到更多的东西,也能够交到更多的朋友。"

"听"的繁体字是由四部分组成的:心、脑、耳、眼。仅有听的打算远远不够,你还必须全身心地投入。就像美国作家爱丽思·米勒说的:"倾听就是意味着对别人的话持一种精神饱满和感兴趣的态度。你应像一座礼堂那样倾听,在那里,每一个声音都更饱满、更丰富地返回。"

倾听是一种重要的交际技巧,你如果问那些人际关系很好的人,他们的秘诀是什么?90%的人都会告诉你,这秘诀包含了倾听的能力。在倾听这个过程中,我们可以收集真正有关对方的正确信息,然后投其所好,拉

近彼此的关系。

有句俗话说得好:"听人言,知人心"。一个人要想与对方沟通顺畅,首先要听懂对方。善于交际的人不但要有好的口才,还要有善于打动人心的"听才"。他们往往就是用这种独特的沟通方式来吸引他人,令他人产生信赖感,从而敞开心扉,畅所欲言。

生活中,学会倾听是每个人都应该必备的素质。这不仅仅是对别人的尊重,也是对别人的一种赞美。然而在现实中,人们往往对自己的事更感兴趣,对自己的问题更关注,更喜欢自我表现。

有人说:"上帝给人们两只耳朵,一张嘴,其实就是要我们多听少说。"一旦有人专心倾听我们谈论我们自己时,就会感到自己被重视。听别人说话也是为自己说话做准备,所以那些愿意倾心聆听别人说话的人最受欢迎。

小说《陌生人在爱中》有这样一个故事:迪特毛料公司在清理债务时,发现有一个顾客拖欠了15美元的货款,于是就通知他尽早还款。但是这位顾客经过一番寻找之后,并没有发现这笔货款的账单。他觉得是毛料公司的问题,于是便怒气冲冲地专程跑到该公司经理办公室,声明他绝对不欠该公司的钱,还声明今后绝对不再买该公司的东西了。

公司经理迪特先生热情地接待了他,然后又耐心地听他讲所有的事情,从头到尾、一字不落地讲述了一遍,中间没有插嘴做任何反驳,反而最后还对他专程来芝加哥为公司提意见表示深切地感谢,并承认错误可能出在公司方面。他的态度让那位顾客感到有点不好意思。然后,他又热心地向该顾客推荐了许多其他毛料公司的产品,悉心为他当参谋。最后还请他一同进餐。

迪特先生的这一系列行为打消了顾客的怒气,他当即丢开了有关15美元的账单纠纷,又向该公司签了一大笔订单。

该顾客回去后又仔细地检查了自己的账单,终于发现有一个账单放错了位置。他立刻补去一张15美元的支票,还写了一段道歉的话。

纵观整个故事，泰迪先生做的最重要的一件事，就是做了一个合格的倾听者，即使顾客发誓不买他们货物时，他仍尊重、附和顾客的意愿，以真挚和诚恳改变了顾客的态度和行为。由此可见倾听比说服更有威力。

说话的目的是表达个人的想法。如果你不让他表达出来，那么他一定会非常难受。打个比方，你是一个商人，若接到顾客的投诉时，该怎么办呢？首先必须站在顾客的立场上，冷静且耐心地倾听，一直等对方把要说的话说完。有一位优秀的推销员曾经说过："处理顾客投诉，推销员要用80%的时间来听话，用20%的时间说话。"

任何一个顾客来投诉，无论他一开始的时候脾气有多大，只要我们耐心地听，鼓励他把心里的不满都发泄出来，那么，他的脾气会越来越小，像个被扎了一个洞的皮球那样，慢慢地"放气"了。只有恢复了理智，才能正确地着手处理面前的问题。而且因情绪激动而失礼的顾客冷静下来以后，必然有些后悔，这比我们迎头批评他们要有效得多。

19世纪英国著名诗人威廉·莫里斯曾说过："要做一个善于辞令的人，只有一种办法，就是学会听人家说话。"有了倾听的耳朵和愿意倾听的心，你才会拥有忠实的朋友。现代交际，与其会说，不如会听。不注意研究听的学问，必会造成人际交往中的大错。要想走进对方的内心，拉近彼此的距离，就要从倾听开始。

7. 幽默是一种乐观的心态

俞敏洪曾在演讲中说过这样一句话："我坚持努力要超过同学，实现不了的话，也要保持心情愉快，等我活到80岁把他们都送走以后，我再走。"从这句幽默的话语当中，我们就可以看出俞敏洪乐观的心态了。

幽默是一种人生的境界，是对豁达的性格、圆通的作风的一种肯定。一般来说，具有幽默口才的人，都具备乐观的精神，在任何事情上，他们都能从积极的角度去看问题，即使生活遇到困难也能洒脱面对。

在《不要以你的现状来判断你的未来》的演讲中，俞敏洪说道："有种理念，叫做'好死不如赖活着'。因为从我40多年的人生经验来体会，你在那坐久了，说不定天上真的会掉下馅饼来，当然也可能掉下块陨石。但不管怎样，不要自我了断，生命中会有很多奇迹发生。假如杨振宁教授不活到82岁，他怎么知道还能结第二次婚呢？"

"好死不如赖活着"，俞敏洪用这种幽默的方式，来告诉我们一个道理，生命中总是会出现很多奇迹的，所以我们不能气馁，要以乐观的精神去面对。

乐观是幽默的基础，英国思想家伯特兰·罗素认为，人类种类各异的不快乐，一部分根源在于社会环境，一部分根源在于人的内在的心理，就像口渴之人见到半瓶水时，有人会高兴地说："太好了，竟然还有半瓶水，这够我喝半天的了。"但也有人会沮丧，他会认为："怎么只有半瓶水呢？要是有一瓶就好了。"

华盛顿总统曾经说过，"世界上有三件事是真实的——上帝的存在、人类的愚蠢和令人好笑的事情。前两者是我们难以理喻的；所以我们必须利用第三者大做文章。"幽默显现了一种洒脱的人生境界，更是一种宽阔博大的胸怀。

在中国，最乐观的人当属苏东坡了。有人统计，苏东坡一生中担任过30个官位，遭贬17次，频频往返于庙堂和江湖之间，而其真正屡升屡贬诠释的是他无限的乐观。挺过了常人难以企及的浮沉荣辱，江湖之远，不必其乐，庙堂之高，不淫其志。

位居高官时爱民情，遭贬时他走进自然，看山水，弄田园，谈佛论道，研究美食。有一次，他被贬到海南，当地无医无药，他就笑着跟朋友说道："每念京师无数人丧于医师之手，予颇自庆幸。"

苏轼的幽默不是超然物外地看破红尘，而是人生境界的一种提升，以积极的生活态度在困难中找寻幸福。诚然，姹紫嫣红、草长莺飞是美的，但是大漠孤烟、长河落日又何尝不也是一种美呢？

正所谓"言由心生"，真正具有幽默感的人，其幽默的谈吐并非是刻意为之，而是一种深藏内心的底蕴，是无意间的自然流露。幽默属于乐观者。心情沉重的人，是笑不起来的；整天小肚鸡肠的人，话里肯定有解不开的忧郁。只有天性乐观、心胸坦荡之人，才能笑口常开，妙语常在。

抗日战争胜利之后，张大千要从上海返回四川老家。好友设宴为他饯行，梅兰芳等人均在座。

宴会刚开始，大家请张大千坐首座。张大千却说："梅先生是'君子'，应坐在首座，我是'小人'，应陪末座。"

看大家不解其意，张大千接着说："有句话说'君子动口，小人动手'。梅先生唱戏动口，我作画是动手，我应该请梅先生坐首座。"

满堂来宾为之大笑不止，并深深为张大千先生不计世俗名位的豁达胸怀所折服，更生敬仰之心。

幽默是一个人乐观生活态度的反映，一个人只有对自己的前景充满希望，才能使语言变得诙谐轻松起来。即使暂时处于逆境，仍能对生活充满

信心,总是能用幽默的方式来抚平伤痕。而对那些认为生活充满了痛苦和绝望、整天皱眉的人来说,快乐不过只是幻觉。这样的人,往往是很难做到谈吐幽默的。

恩格斯说过:"幽默是表明工人对自己的事业具有信心并且表示自己占有优势的标志。"一个人只有具备乐观的信念,才能对于一些不尽人意的事泰然处之。

8. 装傻充愣的幽默

大智若愚往往用来形容那些才智出众，但又不露锋芒，表面上看上去愚笨的人。大智若愚者并不是真"愚"，他们只不过是在装傻，他们的幽默一般都是顺势而为，所以一旦使出，往往让人哭笑不得，而且还无从反击。

俞敏洪就是一个会装傻的人，他曾经说过一句话，"宁可装傻，也不要自作聪明。"而且在新东方还流传着他一个装傻的故事：

俞敏洪数学差是出了名的，据他自己讲述参加了三年高考，第一年14分，第二年5分，第三年4分。于是新东方的老师都以为这个老板肯定很好蒙。

新东方刚起步的时候，第一天赚了一百元钱，俞敏洪把两个老师叫到家里发钱，指着其中一人说："你，四十。"再指着另一个人："你，四十。剩下的都是我的，以后也不会变。"两位老师那个高兴啊，心说拿得比老板都多，真没想到这个老板这么傻。

结果第二天，赚了一千元钱。俞敏洪又把两个老师叫到家里发钱，指着其中一人说："你，四十。"再指着另一个人："你，四十。剩下的都是我的，以后也不会变。"两个老师当时就傻眼了。

大智若愚的幽默方式，看上去天真憨傻，实则蕴含了大智慧。就好比上文中的俞敏洪，虽然看上去是吃亏了，但其实自有后招。

辜鸿铭先生学贯中西，是我国近代著名的国学大师。有一次，他乘坐汽车外出办事，正当他坐在座位上，欣赏着窗外景色时，半路又上来了几

个年轻的外国人。他们极不礼貌地对辜先生穿的长马褂还有留着的小辫子评头论足。

辜先生见此也没说什么,只是不动声色地从怀里掏出了一份英文报纸,从容自如地看了起来。那几个洋人好奇地伸长脖子一看,不禁放肆地大笑了起来,还一边嚷着:"看这个白痴,不懂英文还要看报,把报纸都拿反了!"

等他们闹够了、笑完了之后,辜鸿铭先生慢条斯理地用流利纯正的英语说道:"英文这玩艺儿实在太简单了,不倒过来看,还真没意思。"此言一出,让那几个洋人大惊失色,面面相觑,只好悻悻地离开了。

面对外国年轻人的取笑,辜鸿铭先生没有拍案而起,怒斥相对,而是装出愚笨的样子,把报纸倒过来看,在他们毫无防备的时候进行攻击,话语虽柔和幽默,但棉里藏刀,暗讽对方于无形中。

大智若愚并不是简单的只有"愚",而是在"愚"中藏"智"。只有才思敏捷、能言善辩、对生活具有深刻的体验和对事物有较强的观察力,还有一定的文化素质和语言表达能力的人,才能达到假憨傻真聪明的幽默境界。

在与别人争辩时,我们也可以通过运用装傻的幽默技巧,来避开对方锋芒。比如,在谈话中,可以装作没有听到或没有听清楚对方的话,或者装作没弄懂对方的意思,以便巧避锋芒,避免尴尬。

1959年,美国总统尼克松访问苏联。在此之前,美国国会通过了一项关于被奴役国家的决议。赫鲁晓夫在与尼克松的会谈中激烈地抨击了这个决议,并且怒容满面地嚷道:"这项决议很臭,臭得像马刚拉的屎,没有什么东西比这玩意更臭的了!"

尼克松曾认真地看过赫鲁晓夫的背景材料,得知他年轻时曾当过猪倌,于是他盯着赫鲁晓夫说:"恐怕您说错了。还有一样东西比马屎更臭,那就是猪粪。"

在比较正式的谈判场合,作为国家元首,赫鲁晓夫肆无忌惮,出言不逊，有失体面，他明显是想为尼克松设置窘迫局面。好在尼克松幽默诙谐，装做没弄懂对方的意思，实际上却进行了巧妙的还击，打击了对方的气焰，化被动为主动。同时，也避免了谈判沦为市井中的吵架撒泼。

在谈话中，装傻可以使人自找台阶，化解尴尬局面；可以故作不知，反唇相讥；可以假痴不癫，迷惑对手。当然，前提是你必须有好演技，才能傻得可爱，疯得恰到好处。

莎士比亚说过："装傻装得好也是要靠才情的；他必须窥伺被他所取笑的人们的心情，了解他们的身份，还得看准了时机；然后像窥伺眼前每一只鸟雀的野鹰一样，每个机会都不放松。这是一种和聪明人的艺术一样艰难的工作。"

其实装傻有时候就是以守为攻的最好武器！它能够使得对方对你无可奈何，有时还会把对方弄得哭笑不得。因此，我们在平时说话当中，要多多运用这门语言艺术。

第十章 风趣——迅速拉近彼此的距离